AF508862

SÉDUCTION POUR LES HOMMES ALPHA

Max Duque

SÉDUCTION POUR LES HOMMES ALPHA

Comment draguer la femme de vos rêves

EDITORIAL
Letra Minúscula

Première édition : 2024
ISBN : 978-84-10245-11-2
Copyright © 2024 Max Duque
Publié par Editorial Letra Minúscula
www.letraminuscula.com
contacto@letraminuscula.com

TABLE DES MATIÈRES

AVANT-PROPOS

« Perdants et libidineux, plus libidineux que perdants », déclare un journaliste qui souhaite interviewer le gourou de la séduction joué par Tom Cruise dans le film *Magnolia*, en faisant référence aux participants d'un séminaire pour hommes. Nous voyons ici quelques-uns des préjugés de la société à l'égard de ceux qui veulent améliorer cette compétence sociale. Cependant, je vous dirai que l'apprentissage de la séduction est en fait une forme de développement personnel, d'amélioration de la connaissance de soi. Je peux vous assurer que l'étude de la séduction est l'un des meilleurs investissements que vous puissiez faire dans votre vie. Il peut changer tout votre monde, vous permettre d'avoir de meilleures relations avec les femmes, plus heureuses et plus satisfaisantes.

Beaucoup croient à tort que la séduction est une forme de manipulation psychologique, qu'il s'agit de jouer avec les émotions et l'esprit pour obtenir certains résultats, comme un rapport sexuel facile, plutôt qu'une véritable connexion entre deux personnes. Rien n'est plus éloigné de mon intention. La séduction repose sur la connaissance de soi et la compréhension de la psychologie affective et sexuelle des interactions entre hommes et femmes. Elle ne repose pas sur la manipulation, mais sur la compréhension. De plus, il ne s'agit pas de traiter les femmes comme des objets sexuels, mais de les comprendre comme des êtres humains à part entière, libres et autonomes, qui prennent leurs propres décisions.

Ce que l'étude de la séduction peut apporter, c'est que les hommes abandonnent les comportements machistes ou misogynes, souvent nés de la frustration et de l'ignorance. Un homme qui maîtrise le jeu de la séduction respecte les femmes, les comprend et est capable de satisfaire leurs besoins. Il n'y a donc rien de plus féministe — dans le vrai sens du terme — que l'étude de la séduction, qui permet à un homme de s'améliorer, de dépasser les préjugés et d'être en mesure de satisfaire les désirs d'une femme et d'établir ainsi un lien réel et authentique avec elle.

Il est également faux de croire que les cours, livres ou techniques de séduction promeuvent des stéréotypes de genre dépassés et peuvent encourager des attitudes sexistes. La psychologie évolutionniste nous montre que la séduction unisexe est une erreur, que les mécanismes psychologiques qui animent les hommes et les femmes dans leurs relations amoureuses sont différents. Les hommes et les femmes ont des besoins affectifs différents. C'est d'ailleurs la source de nombreux conflits dans leurs relations. Mais c'est aussi de cette différence que naît le besoin que l'un ressent pour l'autre. Ils sont différents mais complémentaires.

L'homme alpha que je défends dans ce livre n'est ni violent ni agressif ; il ne considère pas les femmes comme des objets sexuels pour son plaisir. Le véritable homme alpha est un leader ; il est empathique, s'affirme et cherche à établir une connexion réelle, authentique et égale avec la femme, mais comprend également qu'elle est un être humain complet et libre qui peut décider d'être avec lui ou non, en toute responsabilité et maturité.

Je n'encourage ni ne préconise les relations superficielles. En fait, la séduction devrait vous aider à vous connecter véritablement avec une personne et peut-être à établir une relation à long terme, même pour le reste de votre vie. Mais tout cela dépend de beaucoup de choses, comme le fait que vous le vouliez et qu'elle le veuille aussi à ce moment-là. Je suis donc d'avis qu'en matière de relations, comme en toute chose, c'est la profondeur qui est souhaitable, et non la superficialité. C'est-à-dire, ce que vous devez chercher, c'est d'établir une connexion profonde et durable avec une femme qui aide tous les deux à grandir en tant qu'êtres humains. Par conséquent, il est faux de dire que l'étude de la séduction mène à des relations superficielles.

Il n'est pas non plus vrai que les techniques ou stratégies de séduction soient coercitives ou ne respectent pas le consentement qu'une femme doit donner pour établir une relation. En fait, elles cherchent à satisfaire pleinement les besoins affectifs des femmes. Si beaucoup plus d'hommes étudiaient la séduction, le monde serait meilleur car il y aurait plus d'hommes capables de répondre aux besoins des femmes, des hommes libres, indépendants, forts et sans besoin affectif, capables de surmonter les barrières mentales telles que la jalousie ou l'agression, la frustration et la misogynie. Tout cela est surmonté lorsque l'on comprend le jeu de la séduction.

Certains pensent, comme dans le film *Magnolia*, que l'étude de la séduction est réservée aux perdants, aux personnes ayant une faible estime d'elles-mêmes. Ce n'est pas le cas. L'étude de la séduction est destinée aux personnes qui veulent améliorer leur vie, qui veulent grandir en tant qu'êtres humains ; c'est une voie d'autonomisation parce qu'elle implique la compréhension de soi, et tout ce qui contribue à votre compréhension profonde en tant que personne vous aidera à grandir en tant qu'être humain. Par conséquent, parmi les nombreuses façons de s'améliorer dans la vie, la voie du séducteur vous aidera à vous améliorer en tant qu'être humain. Ce processus vous fortifiera, améliorera votre estime de soi et vos compétences sociales, et vous rendra surtout plus apte à trouver le bonheur avec un partenaire qui vous fait du bien. Vous serez également capable de répondre de manière plus satisfaisante aux besoins affectifs d'une femme.

Oubliez donc tous les préjugés que la société peut avoir sur ce sujet, les films romantiques, les articles faussement féministes, les préjugés, les moqueries et les rires des ignorants et des gens qui ne savent pas de quoi ils parlent. Le chemin du séducteur a du cœur, il vous aidera à vous améliorer en tant qu'être humain, c'est un chemin qui vaut la peine d'être parcouru.

CHAPITRE 1. PSYCHOLOGIE DU DÉVELOPPEMENT DE LA SÉDUCTION

1. LA SÉLECTION NATURELLE ET SEXUELLE

Dans ce premier chapitre, je veux vous parler de psychologie évolutive. Je sais que vous êtes intéressé par le fait de séduire la femme de vos rêves et de pouvoir la conquérir facilement. Il serait facile pour moi de commencer ce livre en vous expliquant des techniques, des astuces et d'autres façons d'essayer de manipuler une femme pour atteindre vos objectifs. Mais c'est loin d'être mon intention. Dans ce livre, nous n'allons pas parler de la manière de manipuler ou d'influencer une femme pour la séduire. Nous allons plutôt essayer de comprendre la nature profonde de la sexualité et la psychologie de l'amour des femmes. Ce n'est qu'en comprenant cela que nous pourrons conquérir la femme de nos rêves.

Pour y parvenir, vous devez donc avoir le bon état d'esprit et les bonnes idées qui vous permettront de vous attaquer à l'objectif que vous vous êtes fixé. Les astuces, les techniques et les conseils faciles ne fonctionnent pas. Ce qui est utile, c'est la connaissance, une connaissance approfondie de la nature psychologique des femmes et aussi de votre propre nature en tant qu'homme qui veut conquérir la femme qui vous attire. Et pour atteindre cet objectif, la psychologie évolutionniste nous offre un paradigme, une série d'idées, une construction théorique qui nous permet d'approfondir notre compréhension de la psychologie psychoaffective et sexuelle des femmes de manière décisive.

Nous ne pouvons pas tout réduire à la biologie. Il est évident que la culture joue un rôle important dans les relations affectives entre les hommes et les femmes. Essayer de séduire une femme dans une tribu africaine au XVIIIe siècle n'est pas la même chose qu'essayer de séduire une femme dans une ville dans la société actuelle. Le contexte religieux, social et culturel des personnes a une influence décisive sur les relations affectives entre les sexes. Cependant, il est vrai que la connaissance de la psychologie évolutionniste peut nous donner ce cadre théorique fondamental pour comprendre les femmes.

La psychologie évolutionniste découle de la théorie de l'évolution de Darwin. En fin de compte, il s'agit d'une application des principes biologiques à la société, à la culture et à la psychologie des personnes. Il est donc important d'avoir des connaissances de base en psychologie évolutionniste pour comprendre les mécanismes qui sous-tendent l'attirance sexuelle et romantique entre deux personnes. Il ne s'agit pas d'un phénomène magique. Cela n'a rien à voir avec la vision simpliste que la littérature romantique nous a donnée. Je vous demande donc de mettre de côté vos préjugés, d'abandonner les idées préconçues de la société et de vous plonger profondément et sans préjugés dans la compréhension de la psychologie de l'attirance humaine.

Il convient de comprendre un aspect fondamental de cette question, à savoir la sélection naturelle couplée à la sélection sexuelle. En d'autres termes, les mâles les plus doués sur le plan évolutif, qui possèdent les caractéristiques permettant la survie de l'espèce, sont ceux qui ont le plus de chances d'être choisis par les femelles pour des relations sexuelles ou par paires, car ils sont en mesure de garantir l'objectif premier de toute union sexuelle : la perpétuation de l'espèce. Il faut se placer du point de vue de l'animal. Si l'homme est un être culturel, il est aussi un être animal qui a ses propres rituels de parade nuptiale. Ce paradigme mental peut nous aider à comprendre les comportements de la psychologie de l'attraction chez l'homme.

Du point de vue de l'évolution, le but du sexe n'est pas le plaisir, mais la perpétuation de l'espèce. L'objectif premier de toutes les espèces vivantes est de continuer à exister. C'est ce que la nature privilégie, et nous sommes programmés par la biologie ; il s'agit du caractère, de la personnalité et des traits physiques qui contribuent à perpétuer l'espèce. Ainsi, les femelles seront naturellement attirées par les mâles qui peuvent le plus efficacement assurer la survie de l'espèce, c'est-à-dire fournir protection et sécurité, en particulier à leur progéniture. Ainsi, bien que nous soyons aujourd'hui des êtres culturels et qu'une femme ou un homme ne souhaite pas avoir d'enfants, leur comportement — selon la psychologie de l'attraction — sera biologiquement conditionné par le besoin naturel qu'ont toutes les espèces vivantes de se perpétuer.

Quels sont donc les traits qui contribuent à perpétuer l'espèce ? Si nous les analysons, nous constaterons qu'ils sont possédés par les hommes les plus attirants pour la plupart des femmes. En disant tout cela, je généralise, et toute généralisation est une forme de simplification excessive. Je sais qu'il y aura des femmes qui ne trouveront pas séduisants les traits que je m'apprête à souligner, mais nous parlons ici de leur validité probabiliste. Ne tombons donc pas dans un raisonnement fallacieux ou réductionniste. Ainsi, même si dans ce livre nous parlons de ce qui est attirant pour la plupart des femmes, chaque personne est différente.

En réalité, nous désirons réussir d'un point de vue probabiliste en ayant les traits nécessaires pour perpétuer l'espèce, puisque — statistiquement parlant — nous aurons plus de chances de trouver un partenaire et de conquérir la femme de nos rêves. Mais il se peut aussi que celle-ci — pour des raisons que nous analyserons plus tard — ne soit pas ouverte à la conquête ou que les traits que vous possédez, bien qu'ils soient attrayants pour la grande majorité des femmes, ne le soient pas pour elle. Il faut donc penser d'un point de vue général. Ce livre ne traite pas de cas individuels, mais de la compréhension générale des mécanismes de l'attirance entre les hommes et les femmes.

2. FORCE PHYSIQUE

Selon la psychologie évolutionniste, l'une des premières caractéristiques qui fait que la plupart des femmes sont attirées par les hommes est la force physique. Les femmes peuvent être attirées par des hommes physiquement forts pour des raisons évolutives liées à la protection et à la capacité de chasse. Du point de vue de l'évolution, la protection est fondamentale pour la plupart des femmes.

Les femmes savent qu'elles sont, en général, physiquement inférieures aux hommes. Dans le monde d'avant le 20e siècle, beaucoup plus hostile que celui d'aujourd'hui, les femmes étaient soumises à la nature et à la nécessité de trouver de la nourriture pour elles-mêmes et leurs enfants. Elles étaient également dominées par les hommes, plus puissants physiquement et socialement. Cette situation n'a pas changé jusqu'à aujourd'hui ; du point de vue de l'évolution, il en est ainsi depuis des millions d'années.

La protection qu'un homme fort peut offrir est un trait qui génère une énorme attirance, inconsciemment, chez la plupart des femmes. Et c'est quelque chose que toute personne dotée de bon sens comprendrait. Les hommes forts sont plus à même d'attirer les femmes.

Pensez, par exemple, à la capacité de chasser et de cueillir. Dans les sociétés anciennes, ces compétences étaient cruciales pour la survie et, par conséquent, la force physique pouvait nous aider. Plus un homme était fort, plus il pouvait subvenir aux besoins de sa femme et de ses enfants. Bien sûr, il faut aussi comprendre que la force physique est aujourd'hui reléguée au second plan, alors qu'il existe d'autres *forces*, comme la force mentale ou la force basée sur la capacité de subvenir à ses besoins, c'est-à-dire d'avoir de l'argent.

Ce qui rend un homme qui a de l'argent séduisant, ce n'est pas l'argent lui-même, qui n'est finalement qu'un outil, mais la capacité du pouvoir économique à assurer la protection d'une femme ou à susciter en elle des émotions positives et à lui offrir un mode de vie excitant et intéressant. Ce n'est pas l'argent qui rend un homme séduisant, mais une indication de sa compétence, de son pouvoir, de sa force sociale et de sa capacité à protéger sa famille.

En outre, la force physique est un indicateur de bonne santé et donc d'un patrimoine génétique favorable. Un homme en bonne santé et physiquement attirant possède de bons gènes et sera donc plus désirable pour la plupart des femmes. La force physique peut indiquer la capacité d'un homme à rivaliser avec d'autres hommes. Un homme plus fort dans un monde compétitif où les biens sont rares — qu'il s'agisse de nourriture, d'argent ou de pouvoir — indique qu'il est plus apte à obtenir des ressources, et cette aptitude suscite l'attirance des femmes.

Dans la société moderne, le maintien d'une bonne condition physique exige souvent de la discipline, un engagement à faire de l'exercice et une alimentation équilibrée. Par conséquent, le fait qu'un homme soit physiquement fort indique qu'il est discipliné, qu'il a une forte capacité à atteindre ses objectifs, qu'il est concentré et qu'il générera donc en fin de compte une plus grande capacité de protection pour sa famille.

Le fait de s'adonner à l'exercice physique et d'avoir une alimentation équilibrée indique à la femme que cet homme vivra plus longtemps. Le fait que son partenaire, le père de ses enfants, ait une bonne alimentation indique à la femme qu'il leur inculquera de bonnes habitudes alimentaires et que, par conséquent, ils seront en meilleure santé. Cela augmente l'attrait de l'homme en tant que partenaire potentiel.

La confiance est un autre aspect clé de la force, car la force physique peut influencer l'estime de soi d'un individu : une bonne forme physique aide un homme à se sentir plus sûr de lui. Un homme fort est plus susceptible d'avoir une meilleure estime de soi et une plus grande confiance, et donc d'atteindre ses objectifs et de réussir dans la société. Et la réussite — on en revient à la même chose — vous donne plus de moyens pour subvenir aux besoins de votre famille, ce qui génère de l'attirance chez les femmes.

La forme physique et la bonne santé sont souvent liées. La force physique peut, dans certains cas, être considérée comme un indicateur d'une vie potentiellement plus longue et plus saine, et c'est quelque chose qui génère beaucoup d'attrait, c'est-à-dire que les femmes veulent un homme en bonne santé qui a la capacité de vivre longtemps. Par exemple, un homme qui fume, contrairement à une femme qui ne fume pas, perd une partie de son attrait. Pourquoi ? Parce que cet homme sera en moins bonne santé, qu'il fera de sa femme et de ses enfants des fumeurs passifs, ce qui nuira à sa famille, et qu'il vivra très probablement moins longtemps. Une femme s'intéresse à un homme dont l'espérance de vie est longue, voire plus longue que la sienne, pour éviter d'avoir à assumer seule les responsabilités de la vie et la charge financière que représente l'entretien de ses enfants s'ils sont encore jeunes.

Un homme fort peut apporter la stabilité dans les moments difficiles. Pensez que tout au long de l'histoire, dans la plupart des sociétés tribales ou dans les États modernes, il y a toujours eu des guerres. Ce n'est qu'à l'époque moderne que, dans la plupart des pays du monde, nous avons réussi à vivre en paix. La guerre a été une constante tout au long de l'histoire. Et les guerres, les conflits ou les conflits tribaux de toutes sortes sont plus faciles à surmonter pour une femme si elle a un homme fort à ses côtés pour s'assurer qu'en temps de conflit, elle peut mieux protéger sa famille, ce qui la rend plus attrayante pour les femmes.

La perception qu'un homme est physiquement fort véhicule également l'idée qu'il a des gènes désirables et sains, et que cela donnera des fils mieux dotés. Les femmes veulent que leurs enfants soient aussi sains, forts et performants que possible. Et un père fort garantit une force physique qui peut être utile à ses enfants.

Dans de nombreuses sociétés contemporaines, l'attrait esthétique est également associé à un corps athlétique et tonique. L'influence des médias et de la culture populaire a renforcé cette image dans de nombreux endroits. En d'autres termes, un homme fort, un homme musclé, est considéré comme plus attirant ou plus désirable que les autres par la plupart des gens. L'attrait physique aide à mieux réussir dans la société, ce qui améliore la capacité d'un homme à subvenir aux besoins de sa femme et de ses enfants.

De plus, les femmes sont biologiquement et culturellement programmées pour être attirées par un corps athlétique et tonique. Si nous observons les statues de la Grèce antique, nous constatons que le corps masculin idéal était tonique, athlétique et musclé. Comme cet idéal fait partie de l'inconscient collectif d'innombrables sociétés et individus, de très nombreuses femmes aspirent à avoir un partenaire qui s'en rapproche le plus possible.

Ce qui attire les femmes vers la force physique, c'est la capacité d'un homme fort à la protéger, elle et ses enfants, à mieux réussir dans la société et à atteindre ses objectifs. Ce sont des qualités appréciées par de nombreuses femmes qui génèrent immédiatement, automatiquement, un sentiment d'attirance pour l'homme qui les possède.

3. AMBITION ET STATUT SOCIAL

La capacité à subvenir aux besoins de la famille est, selon la psychologie évolutionniste, l'un des principaux traits d'un homme séduisant. Dans de nombreuses sociétés traditionnelles, et aujourd'hui encore, on attend des hommes qu'ils fournissent des ressources à leur famille. Par conséquent, les femmes peuvent privilégier les hommes qui se montrent capables d'obtenir et de protéger les ressources de la famille.

En effet, l'un des désirs fondamentaux d'une femme est la sécurité économique. De même que les hommes privilégient souvent la liberté, les femmes accordent généralement plus d'importance à la sécurité, en particulier à celle de leurs enfants, mais aussi à leur sécurité personnelle. Pas tant l'argent : la sécurité passe avant tout pour les femmes, mais l'argent est capable d'apporter la sécurité.

La capacité d'un homme à fournir des ressources garantit une base stable pour la subsistance de la famille, ce qui se traduit par une sécurité économique pour la famille. Une famille aisée mène une existence plus saine, plus stable et plus heureuse. Et les femmes veulent ce bonheur pour elles-mêmes et pour leurs enfants. En ce sens, l'argent est un instrument fondamental pour y parvenir.

Un homme qui a de l'argent devient plus attirant. Avec les bonnes ressources, les enfants sont assurés d'avoir accès à une bonne alimentation, à l'éducation et aux soins de santé, ce qui augmente leurs chances de prospérer. Les enfants qui ont accès à une bonne alimentation, qui peuvent fréquenter les meilleures écoles et universités et bénéficier des meilleurs soins médicaux auront une vie plus facile. Et l'objectif premier d'une femme, biologiquement parlant, est d'assurer la survie de l'espèce et le bien-être de ses enfants. Selon la psychologie évolutionniste, une femme est biologiquement programmée pour veiller à ce que ses enfants survivent et aient la meilleure vie possible. Elle doit donc rechercher le bien-être de sa progéniture.

Dans de nombreuses sociétés, les ressources et la richesse sont liées au statut social. Un homme disposant de ressources peut offrir à sa femme une position sociale élevée au sein de sa communauté. Un homme riche, célèbre, un politicien important, un homme d'affaires prospère, un sportif connu, c'est-à-dire une personne socialement appréciée, est également susceptible d'être riche. Et la femme peut jouir de tout le plaisir, de toute la satisfaction que procure un statut social élevé et la possibilité d'avoir des relations avec des personnes d'un niveau supérieur.

Les hommes sont parfois moins conscients de leur importance sociale, mais les femmes, en général, accordent plus d'importance au statut social. Les hommes s'en préoccupent moins car, lorsqu'ils s'intéressent à une femme, ce qu'ils apprécient n'est pas son statut social ou sa capacité à générer de l'argent, mais avant tout son attrait physique, sa santé, sa capacité de reproduction et sa personnalité. La capacité d'une femme à subvenir à ses besoins ou son statut social intéressent moins les hommes.

Par conséquent, en tant qu'homme, en tant que lecteur de ce livre, vous devez comprendre que la psychologie sexuelle, affective et amoureuse est radicalement différente entre les hommes et les femmes, c'est-à-dire que les femmes ne sont pas comme vous, ne pensent pas comme vous et ne sont pas attirées par les mêmes choses que vous. Donc, si vous pensez qu'une femme est attirée par les mêmes choses que vous, vous êtes voué à l'échec.

L'ambition est également un trait de caractère apprécié parce qu'elle indique un désir de croissance et d'amélioration personnelle, ce qui peut se traduire par une meilleure qualité de vie à long terme. Les personnes ambitieuses ont le désir de s'améliorer, ce qui les conduit à une plus grande réussite sociale et économique. Cela attire davantage les femmes, car une réussite économique et sociale plus importante indique une plus grande capacité à se protéger.

Un statut social élevé implique également la reconnaissance et le respect de la communauté dans laquelle on vit, ce qui est attrayant pour de nombreuses personnes. Les leaders sociaux sont plus attirants que les personnes de statut social inférieur. De plus, les personnes ayant un statut social élevé ont plus d'opportunités et d'expériences exclusives, ce que les femmes apprécient particulièrement.

Un statut élevé peut indiquer la présence d'un solide réseau social de contacts et de soutien, ce qui est bénéfique dans les situations difficiles ou pour saisir des opportunités. Un homme qui a une famille puissante ou qui appartient à un statut social élevé n'est pas seul, mais a des personnes qui peuvent l'aider. Plus vous avez de personnes autour de vous qui peuvent vous aider, plus vous êtes fort socialement, ce qui est attrayant pour une femme. Un homme isolé suscite moins d'intérêt qu'un homme qui fait partie d'une famille puissante, car la femme sait qu'en se mariant ou en s'accouplant avec ce dernier, elle bénéficiera également de la protection que cette famille puissante offrira à son homme, à elle et à ses enfants. Le sentiment de protection dont elle jouit étant beaucoup plus grand, son attirance pour cet homme augmentera. Un homme soutenu par une famille riche ou influente a plus de facilité à trouver une partenaire.

Atteindre un certain statut social exige aussi souvent de l'intelligence, des compétences sociales et de la persévérance. Ces trois qualités sont très appréciées des femmes. La réussite sociale est une indication de vos capacités personnelles, de votre intelligence, de votre persévérance, de votre discipline et de votre capacité à vous fixer des objectifs et à les atteindre. Ce sont des qualités positives.

L'ambition et un statut social élevé peuvent être considérés comme des indicateurs de stabilité économique et émotionnelle. Un homme psychologiquement, émotionnellement et financièrement stable est plus attirant qu'un homme instable.

Il est également vrai qu'il existe des hommes séduisants qui ont un mode de vie pour ainsi dire instable. Prenons l'exemple d'un surfeur qui voyage dans le monde entier. Il n'a peut-être pas de revenus stables, mais il compense par une vie passionnante. Vous pouvez mener une vie instable mais intéressante, et donc la possibilité de vivre des expériences amusantes compense l'un pour l'autre. Mais un homme qui n'a pas de stabilité financière, sociale ou statutaire et qui n'est pas en mesure d'offrir aux femmes de nouvelles expériences perdra une partie de son attrait.

Un homme ambitieux au statut social élevé peut être considéré comme un bon modèle pour ses enfants, leur enseignant des valeurs telles que la détermination et le travail acharné. Les femmes veulent que leurs enfants aient le meilleur père possible. Comme un père qui réussit est un modèle de comportement réussi, un tel homme sera plus attirant.

Dans certaines sociétés, les gens sont censés s'associer avec ceux qui ont un statut social similaire, ce qui fait de l'ambition et du statut des facteurs cruciaux dans le choix des partenaires. Sur le marché de l'amour — c'est un marché, même s'il est difficile à comprendre — chaque personne a une valeur et, en général, elle doit être compensée. Par exemple, un homme âgé mais riche peut avoir un statut élevé sur le marché de l'amour parce qu'il compense par sa richesse son manque de jeunesse ou de force physique. Une femme jeune et pauvre, mais belle et attirante, a une valeur élevée, même si elle n'a pas d'argent, parce que les hommes privilégient la valeur sexuelle et la jeunesse. Par conséquent, un couple formé d'une femme jeune et séduisante et d'un homme plus âgé, laid mais riche est un couple équilibré car tous deux ont un statut social élevé sur le marché de l'amour, ce qui en fait un couple compensé.

Les modes de vie doivent également être compatibles. Il est normal qu'un acteur célèbre sorte avec une actrice célèbre parce qu'ils ont tous deux le même style de vie, des revenus similaires, un statut social similaire et une valeur similaire sur le marché de l'amour. Et qui se ressemble s'assemble. Cela ne signifie pas que l'homme et la femme doivent être identiques, mais ils doivent avoir une valeur similaire sur le marché de l'amour.

Un statut social élevé peut offrir une certaine protection contre l'adversité, car les personnes influentes et disposant de ressources sont mieux placées pour faire face aux difficultés qui peuvent survenir dans la vie. Un homme riche a plus facilement accès à des soins de santé de qualité et est donc plus à même de s'occuper de sa femme. Beaucoup d'hommes qui ne sont pas conscients de tout cela ressentent un profond rejet et un ressentiment à l'égard des femmes parce qu'ils les considèrent comme matérialistes et que tout ce qui les intéresse, c'est l'argent et le statut, ou qu'elles veulent simplement s'amuser. Mais cette misogynie naît parce qu'ils ignorent que les femmes, comme les hommes, ont été programmées par leurs gènes pendant des millions d'années pour être attirées par un certain nombre de traits, et c'est donc quelque chose contre lequel on ne peut pas lutter. C'est ainsi et il faut l'accepter.

Ce n'est pas que les femmes aiment les hommes qui ont de l'argent. Les femmes aiment les hommes qui sont capables de leur offrir protection et sécurité, de subvenir à leurs besoins et à ceux de leurs enfants, et de leur donner une vie passionnante qui génère des émotions positives. De même, les hommes sont programmés pour être attirés par une femme jeune, belle et dotée d'une grande capacité de reproduction. Dans les deux cas, personne ne doit être blâmé ou criminalisé.

Il n'y a pas lieu d'en vouloir aux femmes ou aux hommes d'être comme ils sont. Il suffit de l'accepter et d'apprendre à jouer le jeu.

Le ressentiment à l'égard des femmes montre que vous avez un statut social bas, que vous n'avez pas confiance en vous et que vous n'êtes pas capable d'attirer les femmes que vous désirez dans votre vie. C'est aussi le signe d'une profonde ignorance sociale et psychologique. Un homme alpha expérimenté comprend comment fonctionne le jeu de l'amour, l'accepte, apprend à jouer ces cartes et n'éprouve aucune forme de ressentiment à l'égard des femmes. Il apprend à les aimer telles qu'elles sont, tout comme vous devez vous accepter tel que vous êtes.

4. PROTECTION

La capacité à protéger est également l'un des traits clés que possède un homme séduisant. Cette qualité peut être considérée comme un signe d'instinct paternel, suggérant que l'individu sera bienveillant et attentif aux besoins de ses enfants. Un homme qui montre à une femme qu'il peut la protéger lui « dit » qu'il sera également capable de protéger ses enfants. Cela augmentera donc son attrait sexuel. Une figure protectrice peut procurer un sentiment de sécurité, ce qui est essentiel pour la stabilité émotionnelle et le bien-être de la famille. Un homme qui protège ses proches transmet un sentiment de sécurité, ce qui est une valeur fondamentale pour une femme.

La tendance à protéger indique un investissement dans le bien-être du partenaire, montrant que ses intérêts et sa sécurité sont une priorité. Un homme qui protège son partenaire montre qu'elle est importante pour lui et qu'il veut investir son temps dans leur relation. Il peut également s'agir d'une manifestation de détermination et de courage, indiquant que la personne fera ce qui est nécessaire pour s'assurer que ses êtres chers soient en sécurité.

Un homme courageux a plus de valeur sexuelle sur le marché de l'amour car sa capacité à protéger ses êtres chers est plus grande que celle d'un homme lâche. Dans les situations défavorables ou difficiles, le fait d'avoir à ses côtés quelqu'un qui a des instincts protecteurs peut apporter soutien et protection. Le fait de savoir que l'on a un partenaire protecteur renforce la confiance dans la relation.

La capacité à donner la priorité aux besoins des autres et à les protéger peut indiquer à la femme que l'homme est mûr sur le plan émotionnel et qu'il peut être un bon partenaire à long terme. Pour les personnes qui privilégient les relations plus traditionnelles entre hommes et femmes, la capacité de l'homme à protéger est essentielle. Il peut également s'agir d'une manifestation de l'attachement sécurisant, par lequel l'individu cherche à apporter sécurité et stabilité à ceux qu'il aime. Une nature protectrice indique que l'individu est prêt à aller très loin et à faire des sacrifices pour s'assurer que la relation et sa famille se portent bien.

Il arrive souvent qu'un couple apprenne à se connaître et qu'une femme évalue si cet homme peut être un bon partenaire à long terme, s'il vaut la peine d'investir son temps et ses émotions, et qu'elle le teste pour voir s'il a la capacité de la protéger. Elle peut même, consciemment ou inconsciemment, provoquer une situation dans laquelle un autre homme se montre menaçant pour voir comment son partenaire potentiel réagit.

5. PERSONNALITÉS COMPLÉMENTAIRES

La compatibilité des traits de personnalité joue également un rôle clé dans la dynamique des relations. Si la compatibilité peut varier d'une personne à l'autre, certains traits de caractère sont universellement acceptés. Tout d'abord, une communication fluide. La compatibilité des traits de personnalité peut faciliter une communication plus ouverte et plus efficace, réduisant ainsi les malentendus et les conflits. Il est clair que si nous avons une vision du monde et des valeurs similaires à celles de notre partenaire, il y aura moins de disputes et la vie quotidienne sera plus facile à gérer. Lorsque deux personnes ont des traits de personnalité complémentaires, elles sont plus susceptibles de comprendre et de respecter les motivations et les comportements de l'autre.

Il ne faut pas se tromper : un homme et une femme ne doivent pas avoir la même personnalité pour s'entendre, mais des personnalités compatibles, ce qui est différent. Ne confondons pas égalité et compatibilité. Il se peut, par exemple, qu'un homme soit fort et déterminé et qu'une femme aime se laisser guider par son homme. Dans ce cas, il y aura compatibilité de caractère. Mais si l'homme aime commander et si la femme aime commander, il y aura des disputes et des conflits dans le couple. Par conséquent, ces deux personnes ne seront pas compatibles, les conflits se multiplieront et le couple aura probablement moins de chances de réussir à long terme.

Des traits de personnalité complémentaires peuvent apporter un équilibre à la relation. Un extraverti peut compléter un introverti, ce qui permet d'équilibrer les interactions sociales. Vivre avec une personne dont la personnalité complète la vôtre peut favoriser le développement personnel et vous aider à acquérir des compétences ou des points de vue que vous n'auriez peut-être pas explorés autrement. Une personne timide est compatible avec un extraverti, car ce dernier l'aidera à surmonter sa timidité. Mais si les deux sont timides, un déséquilibre social peut se créer, et l'un ne sera pas compensé par l'autre.

Les couples dont les traits de personnalité sont complémentaires ont tendance à être plus satisfaits et à vivre dans une plus grande harmonie et compréhension. Ils ont également des approches plus constructives de la résolution des conflits. De plus, ils ont tendance à avoir des objectifs et des valeurs similaires ou complémentaires, ce qui est essentiel pour l'engagement et une relation à long terme. La compatibilité entre les personnes signifie que les deux partenaires sont flexibles et s'adaptent aux changements et aux défis, travaillant ensemble en tant que couple pour atteindre une plus grande harmonie. Ils peuvent se rapprocher à un niveau plus profond, ce qui conduit à une connexion émotionnelle plus riche et plus significative. Les personnalités complémentaires ont plus de chances de réussir dans un partenariat.

6. LE FACTEUR « GARCE »

L'attirance féminine a longtemps été un mystère car les principes de base de la psychologie évolutionniste n'étaient pas connus. Cependant, des recherches récentes nous apprennent que les stimuli qui génèrent l'attirance entre les hommes et les femmes sont différents. Les hommes sont visuellement conditionnés par la jeunesse et la beauté, tandis que les femmes sont visuellement conditionnées par le statut et la capacité d'un homme à se protéger.

Les hommes veulent avoir autant de relations que possible avec des femmes jeunes et fertiles, car c'est ainsi que la procréation est garantie. Les hommes sont biologiquement conditionnés pour être de mœurs légères, alors que les femmes ne le sont pas : lorsqu'elles le sont, elles perdent une grande partie de leur valeur dans la plupart des sociétés, pour des raisons biologiques.

Si, à l'époque préhistorique, une femme avait des relations avec plusieurs hommes différents et tombait enceinte sans avoir de partenaire pour s'occuper de l'enfant, elle se trouvait dans une position d'infériorité par rapport aux autres en termes de perpétuation de l'espèce. Dans l'Antiquité, une femme qui n'avait pas de partenaire prêt à s'occuper d'elle condamnait ses enfants à une mort quasi certaine. Cela a changé au cours du siècle dernier avec l'émancipation des femmes, mais nous sommes toujours biologiquement programmés pour ce type de comportement. Ainsi, les femmes sont habituées à écarter de nombreux candidats possibles, et ce qu'elles recherchent, c'est un partenaire stable. Elle le fait non seulement parce qu'elle a été conditionnée par la société à le faire, mais aussi parce qu'il est biologiquement plus satisfaisant et plus efficace d'avoir un partenaire stable que d'être dans la promiscuité.

Les femmes aux mœurs légères peuvent se mettre en couple avec des hommes qui n'offrent aucune garantie ni aucun soutien. En revanche, les femmes plus sélectives peuvent choisir des partenaires dotés de meilleurs gènes et plus disposés à les aider à élever leurs enfants. Au fil des ans, la sélection naturelle a donc été plus favorable aux femmes qui n'ont pas eu de mœurs légères, et c'est pourquoi les gènes des femmes qui n'ont pas eu de mœurs légères ont eu plus de chances de se perpétuer au fil du temps.

C'est l'une des raisons pour lesquelles les femmes ont développé ce que l'on appelle le « *facteur garce* » dans le monde de la séduction. Le facteur garce est un conditionnement social qui fait que les femmes se sentent mal dans leur peau et qui est sanctionné par la société lorsqu'elles ne sont pas sélectives et qu'elles ont des mœurs légères.

Les femmes aux mœurs légères sont souvent sanctionnées davantage par les autres femmes que par les hommes, car elles craignent d'être considérées comme faciles et non sélectives. Une façon de surmonter le facteur garce est de séparer la femme d'un environnement social et de faire en sorte que le processus ou le phénomène de séduction se déroule dans une sphère privée, sans qu'elle ait à s'exposer à l'opinion publique.

Il est clair qu'avec l'émancipation actuelle des femmes et les avancées sociales, le facteur « garce » a été fortement atténué. Cependant, il est toujours présent au plus profond du cerveau de nombreuses personnes. Les femmes ont le sentiment que, lorsqu'elles ne sont pas très sélectives, elles sont « faciles » et perdent de la valeur aux yeux des hommes ; elles ont donc tendance à être beaucoup plus sélectives que les hommes dans leur recherche d'un partenaire.

CHAPITRE 2. LA PERSONNALITÉ ALPHA

1. NE PAS ÊTRE SOI-MÊME

L'un des pires conseils que l'on puisse vous donner — peut-être par votre mère, votre sœur ou votre ami — est d'être vous-même. En réalité, c'est en étant soi-même que vous en êtes arrivé là. Ce conseil n'a de sens que si vous êtes déjà un mâle alpha, que vous vous comportez comme tel et que vous vivez dans l'abondance. Si c'est ce que vous voulez faire de votre vie. Mais si vous n'avez pas eu le succès que vous souhaitiez auprès des femmes, être vous-même est la pire chose que vous puissiez faire. Cela ne signifie pas que vous devez changer radicalement ; je veux dire par là que si vous aimez les jeux vidéo, que vous êtes bon dans ce domaine et que cela vous passionne, vous pouvez en faire un sujet intéressant pour n'importe qui, même pour la fille qui vous plaît.

Devenir un mâle alpha ne signifie pas qu'il faut faire du surf, se laisser pousser la crinière ou porter deux boucles d'oreilles. C'est plus une question de mentalité et de comportement que de goûts. Il est vrai qu'il y a des choses que vous devriez améliorer : si vous mangez mal, vous devriez manger bien ; si vous ne lisez pas, vous devriez lire, bien que ce que vous lisez dépende vraiment de vos goûts. Il n'est pas nécessaire de lire un certain type de livre, ni de faire un certain type de sport, ni d'avoir un certain style de vie. En fin de compte, le plus important est que vous ayez une passion, un but, que vous soyez une personne intéressante, que vous ayez quelque chose à offrir au monde.

On ne peut pas changer complètement sa personnalité. Mais vous pouvez la façonner. Vous pouvez apprendre à mieux vous comporter que vous ne le faites actuellement. Si vous êtes déjà un mâle alpha total et complet qui vit dans l'abondance et possède toutes les femmes qu'il peut désirer, vous n'avez probablement pas besoin de lire ce livre ; ou peut-être que si, vous voulez renforcer et rafraîchir ces idées. C'est très bien aussi. Mais il est fort probable que vous souhaitiez vous améliorer dans ce domaine, et vous devez donc partir du principe que votre personnalité peut être modelée, changée, et qu'en fin de compte vous avez la capacité de réguler vos croyances, vos comportements et vos attitudes que vous avez eus jusqu'à présent.

C'est pourquoi l'idée d'être soi-même, si l'on est un mâle bêta, n'est pas un bon conseil. Il faut avoir l'humilité et la capacité de se modeler et de se transformer, c'est-à-dire ne pas devenir une personne différente, mais une version améliorée de soi-même. On ne peut pas changer sa vie, son identité, son physique ou son travail du jour au lendemain et on ne peut pas le faire de manière absolue. Il s'agit d'un processus qui nécessite du temps, des efforts, du dévouement, de la concentration, et beaucoup de persévérance. C'est pourquoi il est important que vous sachiez quels aspects vous devez changer et améliorer. C'est ce que j'ai l'intention de vous apprendre dans ce chapitre.

2. LES MODÈLES D'HOMMES SÉDUISANTS

Dans ce qui suit, je voudrais examiner plusieurs modèles d'hommes considérés comme séduisants par la plupart des femmes. Si nous les analysons en détail, nous verrons qu'ils répondent tous à certaines des caractéristiques de base que nous avons soulignées dans le premier chapitre, qui traitait de la psychologie du développement.

Tout d'abord, nous avons le héros courageux, qui peut être représenté par des personnages tels que James Bond ou Indiana Jones, des héros audacieux qui sont toujours prêts à affronter le danger et à combattre les méchants pour finalement en sortir victorieux. Qu'est-ce qui fait que le héros courageux attire les femmes ? Un homme courageux est capable de protéger. Le courage est l'une des caractéristiques nécessaires à un homme qui veut protéger sa famille, et c'est pourquoi l'homme courageux sera toujours plus attirant que l'homme lâche.

De nombreux héros courageux ont également d'autres qualités : ils sont beaux, charismatiques et font preuve d'intelligence sociale. Mais leur principale caractéristique est le courage. Pensez-y en termes de psychologie évolutive : il y a un million d'années, lorsque nos ancêtres devaient affronter des prédateurs plus puissants dans la jungle ou la savane, les hommes courageux étaient ceux qui défendaient leur famille. En d'autres termes, une femme n'est pas intéressée par un homme lâche qui s'enfuit et ne reste pas pour la défendre si elle est attaquée par un tigre ou tout autre animal sauvage. La bravoure est donc une qualité qui suscite l'attirance. C'est pourquoi une série de stéréotypes ont été créés dans l'art, le cinéma ou la littérature pour représenter ce modèle de héros courageux. L'évolution a fait du courage une qualité précieuse pour les femmes.

Deuxièmement, nous pourrions parler du chevalier en armure brillante à partir de personnages tels que le roi Arthur ou le prince charmant, que l'on trouve dans les contes de fées et qui sont nobles, c'est-à-dire qu'ils ont un statut. Arthur occupe la place de roi, qui, dans la société médiévale, était la personne ayant le statut social le plus élevé. Cela lui assurait le pouvoir, le respect, l'argent et la plus grande capacité possible à protéger sa famille, étant au sommet de la société. Il est donc logique que, dans une société médiévale, toutes les femmes veuillent être reines, car cela leur confère le statut social le plus élevé possible et garantit à leurs enfants la protection et, en outre, les meilleurs médecins et la meilleure éducation.

De plus, ces personnages comme le roi Arthur sont honorables, ce sont des hommes courageux qui ont de l'honneur, c'est-à-dire que ce sont des personnes en qui l'on peut avoir confiance, ils suscitent la confiance, et c'est également une qualité appréciée par de nombreuses femmes. Le modèle du chevalier en armure étincelante est répété *ad nauseam* dans d'innombrables films et livres car, dans la psychologie féminine de la séduction, c'est l'un des modèles qui génère la plus grande attirance.

Un autre modèle qui séduit également la plupart des femmes est celui du rebelle mystérieux. Nous avons, par exemple, James Dean dans le film *Rebel Without a Cause* ou Marlon Brando dans *Un tramway nommé désir*. Ce sont des personnages rebelles, charismatiques et mystérieux. Le rebelle est tout d'abord fort, car il a le courage de s'opposer à la majorité de la société et de suivre ses propres règles. De plus, en étant rebelle et en ne suivant pas les conventions sociales, il est capable de susciter des émotions profondes chez les femmes. En d'autres termes, le mystérieux rebelle est un homme excitant, capable de générer des émotions. Or, la femme désire avant tout deux choses de l'homme : premièrement, la protection, c'est-à-dire que l'homme prenne soin d'elle et de ses enfants ; deuxièmement, les émotions, c'est-à-dire qu'il soit capable de générer des émotions passionnantes chez elle. Elle veut un homme qui ne soit pas ennuyeux, qui soit amusant et qui soit capable de générer ces émotions profondes. Le rebelle mystérieux est un homme excitant, c'est pourquoi il suscite l'attirance des femmes.

Ensuite, nous avons par exemple le modèle de l'acteur principal romantique : M. Darcy dans *Orgueil et Préjugés* ou le majordome rouge dans *Autant en emporte le vent*. L'homme romantique typique est passionné, c'est-à-dire qu'il est capable de susciter des émotions chez les femmes. Il est persévérant et n'abandonne pas au premier refus, mais il a la patience, la confiance en soi et les compétences sociales nécessaires pour persister dans son objectif de séduire la femme qui l'attire. Il est capable de créer des émotions profondes chez les femmes. Il exprime ses sentiments par des gestes romantiques. C'est l'homme typique qui emmène une femme dîner dans un endroit merveilleux, qui sait danser et converser, qui est drôle et sûr de lui. Ce sont toutes ces qualités qui déclenchent un sentiment d'attirance chez les femmes.

Un autre modèle typique de l'homme de tête est l'intellectuel charismatique. Nous pouvons prendre l'exemple de Sherlock Holmes ou d'Indiana Jones lorsqu'il part à l'aventure. C'est un homme intellectuel, intelligent, astucieux, érudit, cultivé ; en d'autres termes, c'est un homme intéressant. Nous avons déjà dit que l'intelligence est l'une des qualités les plus appréciées par les femmes ; par conséquent, l'homme intelligent (je ne parle pas d'une intelligence érudite, mais d'une intelligence pratique) est un homme qui a du charisme, un grand dessein et qui est capable de partir à l'aventure.

Nous avons ensuite un autre modèle, celui du protecteur fort, par exemple Aragorn dans Le *Seigneur des Anneaux*. Ce sont des hommes protecteurs et loyaux, des leaders et des gardiens. Le leader, l'homme puissant, est convoité par de nombreuses femmes parce qu'il a la force de générer cette protection et de fournir, et qu'il a ce leadership, ces compétences sociales et ce statut qui le rendent si attirant.

Nous avons aussi le mauvais garçon au cœur d'or. Mais pourquoi le mauvais garçon est-il attirant ? Parce qu'il est fort, et que la force intérieure génère de l'attirance. Lorsqu'un homme est fort à l'intérieur, il est plus facile pour une femme d'être attirée par lui. Nous avons, par exemple, Han Solo dans *Star Wars*, qui est apparemment diabolique, ou Damon Salvatore dans *The Vampire Diaries*. Ils peuvent avoir un extérieur dur, mais en dessous, ils sont doux et vulnérables, c'est-à-dire que c'est le méchant qui prétend être méchant, mais qui en réalité ne l'est pas. Et la femme éprouve un immense plaisir à découvrir ce bon côté du méchant.

Ensuite, nous avons le charmeur drôle, qui pourrait être, par exemple, Tony Stark dans *Iron Man* ou Jack Sparrow dans *Pirates des Caraïbes*. C'est un homme spirituel et charismatique, parfois comique ou ironique, mais avec une grande profondeur de caractère. C'est un homme qui a de l'intelligence et un sens de l'humour, une compétence sociale de grande valeur.

Un autre type d'homme séduisant est le rêveur passionné, comme Jay Gatsby dans *The Great Gatsby*. Ce sont des hommes visionnaires et passionnés qui poursuivent un idéal ou un rêve inaccessible. L'idéaliste est très attirant parce qu'il a un but et qu'il s'efforce de l'atteindre. Il s'agit généralement de quelque chose de motivant, de stimulant et de visionnaire, intéressant pour le partenaire qui est prêt à suivre cet idéal.

Nous avons également l'homme d'honneur, comme Atticus Finch dans *To Kill a Mockingbird*. Ce sont des hommes droits et éthiques qui se battent pour ce qui est juste, quelles que soient les conséquences personnelles, c'est-à-dire des hommes en qui on peut avoir confiance. Un homme doté de bonnes valeurs éthiques et d'une grande rectitude morale est quelqu'un en qui l'on peut avoir confiance, c'est pourquoi une femme sera naturellement attirée par lui.

3. CONFIANCE

L'attrait d'un homme ne se limite pas à son apparence physique. En fait, de nombreuses études indiquent que les caractéristiques mentales et de personnalité sont plus importantes que le physique. Parmi les qualités que doit posséder un homme séduisant, la première est la confiance en soi. Une personne qui croit en elle, sans être arrogante, a tendance à être séduisante. La confiance peut se manifester dans la façon de marcher, de parler ou faire face aux défis.

Comment améliorer sa confiance en soi en tant qu'homme ? Tout d'abord, par la connaissance de soi. Prenez le temps de réfléchir à vos forces et à vos faiblesses. Reconnaître vos capacités vous aidera à vous sentir plus confiant dans différentes situations. Tout le monde a des qualités positives, plus ou moins développées. Mais si vous n'êtes pas conscient de qui vous êtes, si vous ne vous connaissez pas, il est impossible d'avoir confiance en vous. Toute sagesse intérieure commence par la connaissance de soi.

Il existe un autre aspect fondamental qui renforcera votre confiance en vous : l'amélioration de vos compétences sociales. Pratiquez l'art de la conversation, parlez à des personnes de tous horizons. Écoutez activement et apprenez à lire les signaux non verbaux des autres. Le fait d'être à l'aise en société accroît la confiance en soi. Beaucoup d'hommes ont une faible estime d'eux-mêmes et une faible confiance en eux, de sorte que lorsqu'ils sont en compagnie d'autres personnes, ils ne savent pas comment se comporter. Si vous parvenez à améliorer vos compétences sociales, votre confiance en vous augmentera considérablement.

Prenez soin de votre apparence physique, ayez une bonne hygiène, habillez-vous de manière à vous sentir bien et suivez un programme d'exercice régulier, faites du sport. Le fait de se sentir bien dans sa peau peut renforcer la confiance en soi. Il est plus facile pour un homme d'avoir confiance en lui s'il fait du sport, s'il prend soin de lui, s'il est séduisant, se perçoit de façon positive dans le miroir et s'il a une belle apparence.

Fixez des objectifs et atteignez-les. Fixez-vous d'abord de petits objectifs faciles à atteindre, car leur réalisation vous donnera confiance en vous. Ces victoires cumulées peuvent avoir un impact important sur votre estime de soi.

De plus, je vous recommande de vous entourer de personnes positives. Les personnes qui vous soutiennent et qui croient en vous peuvent renforcer votre image de vous-même. Évitez ceux qui vous rabaissent ou vous critiquent constamment. De nombreuses personnes qui sont passées par un processus de croissance personnelle ont été obligées d'abandonner des amis, voire des membres de leur famille proche, pour s'améliorer. Les personnes négatives vous sabotent, sapent votre confiance en vous, vous découragent de poursuivre vos rêves et sont un obstacle à éliminer de votre vie. Si vous ne parvenez pas à créer un environnement de personnes positives autour de vous, il vaut mieux être seul qu'entouré de personnes qui vous limitent.

Parlez de vous de manière positive. Pratiquez l'affirmation de soi et évitez l'autocritique. Reconnaissez vos réussites et rappelez-vous vos capacités. La façon dont nous nous parlons à nous-mêmes est cruciale. Beaucoup de gens ont tendance à penser : « Je ne suis pas grand-chose, je ne vaux pas beaucoup, je n'ai rien fait ». Or, si vous ne vous concentrez que sur vos défauts et sur ce que vous n'avez pas accompli, vous perdrez confiance en vous, ce qui réduira considérablement votre attrait.

Apprenez de vos erreurs et ne vous punissez pas pour elles, utilisez-les comme des opportunités d'apprentissage. N'appelez pas une erreur une *erreur*, appelez-la un *maître*, car elle vous apprendra à vous améliorer en tant que personne. Elle vous aidera à relever les défis futurs avec plus de confiance.

Développer des compétences et acquérir des connaissances. Apprendre une nouvelle langue, une compétence technique ou un *hobby*. Apprenez à danser, à chanter, à skier, à surfer, à pratiquer un sport. Le fait d'apprendre et de maîtriser quelque chose de nouveau peut renforcer votre confiance en vous.

Pratiquez l'affirmation de soi. Apprenez à exprimer vos opinions et vos désirs d'une manière qui respecte les autres, mais qui vous permet aussi d'être authentique. Vous devez posséder les compétences sociales nécessaires pour savoir quand et comment vous pouvez exprimer vos opinions. Certains sujets délicats, comme la religion ou la politique, ne peuvent être abordés que dans certains contextes, avec des personnes en qui vous avez confiance. Dans une situation sociale, vous devez être capable de parler de choses qui font que la plupart des personnes présentes se sentent bien, car cela leur montrera que vous avez des compétences sociales.

Si le manque de confiance en soi est un problème persistant, envisagez de travailler avec un thérapeute ou un *coach de* vie pour vous aider à développer les stratégies dont vous avez besoin pour le surmonter. Souvent, la confiance en soi nous fait défaut parce que notre famille nous a donné une mauvaise image de nous-mêmes, a remis en question nos rêves et a freiné notre développement personnel. Si ces problèmes sont profonds et que vous les rencontrez depuis de nombreuses années, la meilleure chose à faire est peut-être de vous confier à un professionnel qui vous aidera à les surmonter.

Rappelez-vous que la confiance en soi dépend de vous, et non des autres. En fin de compte, c'est vous qui devez être capable de vous percevoir comme un homme de valeur. Si vous n'y croyez pas vous-même, il vous sera impossible de le transmettre aux autres. Votre confiance, qui doit être vraie, authentique et réelle, doit se transformer en un processus constant qui ne s'arrête jamais. C'est pourquoi je vous recommande de vous concentrer sur l'amélioration de votre confiance, car elle fera de vous un homme plus séduisant.

4. INTELLIGENCE

L'intelligence, sous toutes ses formes, est une qualité qui peut renforcer votre attrait personnel. Voici quelques conseils qui vous aideront à améliorer votre intelligence, et qui feront sans aucun doute de vous un homme plus attirant pour les femmes.

Tout d'abord, lisez constamment. Lisez des livres. Consacrez au moins une demi-heure ou une heure à la lecture chaque jour. Lisez des articles et des essais sur des sujets variés, tels que la science ou la littérature classique et actuelle. Vous améliorerez ainsi non seulement vos connaissances, mais aussi votre vocabulaire et votre capacité critique. La lecture est l'aliment fondamental de l'intelligence. C'est pourquoi vous devez y prendre goût. Trouvez un genre que vous aimez — comme la science-fiction ou la littérature policière — et un auteur qui vous passionne. Ne vous forcez pas à lire ce que vous n'aimez pas, car la lecture doit être un plaisir et, si ce n'est pas le cas, elle finira par être une « torture ». Si vous n'avez pas l'habitude de lire, prenez-la.

Inscrivez-vous à des cours *en ligne* dans les domaines qui vous intéressent et dans lesquels vous pensez manquer de connaissances. Vous pouvez suivre des cours sur l'amélioration des compétences sociales ou la séduction, mais aussi des formations professionnelles pour vous aider à devenir un meilleur professionnel. Il existe de nombreuses plateformes *en ligne*, telles que Coursera ou Udemy, qui proposent de nombreux cours à prix réduit. Consacrez un peu de temps chaque jour pour vous former. De nos jours, avec la transformation technologique que nous vivons, la formation est plus importante que jamais. Si les femmes voient que vous êtes un homme qui se forme constamment, cela augmentera votre attrait.

Rejoignez des clubs de débat ou des groupes de discussion pour vous exercer à l'art d'argumenter et de défendre votre point de vue. Vous améliorerez ainsi votre esprit critique et vos compétences en matière d'expression orale. Mieux débattre et mieux s'exprimer est une compétence sociale extrêmement importante. Plus vous saurez le faire, plus vous serez en mesure d'établir des relations avec d'autres personnes, et vos compétences sociales augmenteront votre attractivité de manière fondamentale. C'est quelque chose qu'une femme apprécie beaucoup : la capacité à débattre et à argumenter de manière raisonnée sur des sujets intéressants.

Entraînez-vous avec des puzzles, des jeux de logique ou des applications qui sollicitent votre esprit, comme le Sudoku, les mots croisés ou les échecs. En fin de compte, ces types de jeux constituent une gymnastique mentale qui vous aidera à développer vos qualités intellectuelles.

Apprenez une nouvelle langue. L'apprentissage d'une nouvelle langue peut accroître la plasticité du cerveau et améliorer la mémoire et la concentration. Une nouvelle langue vous ouvrira de nouvelles possibilités de rencontrer plus de gens, d'avoir plus d'opportunités de carrière et d'augmenter votre valeur en tant qu'homme. Imaginez, par exemple, que vous rencontriez une fille qui a de la famille aux États-Unis et qui souhaite s'y rendre pour célébrer le mariage d'un membre de sa famille. Il serait préférable que vous puissiez l'accompagner si vous parlez anglais. Parler l'anglais ou n'importe quelle autre langue fait de vous un homme socialement plus précieux et plus attirant.

Écrivez régulièrement. Tenez un journal, rédigez des essais ou créez un blog. Cela peut vous aider à organiser vos pensées, à améliorer vos compétences en matière d'écriture et d'expression. L'écriture est également un aliment fondamental de l'intelligence.

Voyagez chaque fois que c'est possible. Les voyages vous exposent à de nouvelles cultures, idées et façons de penser. Si vous ne pouvez pas le faire physiquement, explorez des documents ou des livres de différentes cultures. Un homme qui a beaucoup voyagé aura vu beaucoup de choses et pourra partager ces expériences avec la femme qui l'attire. En général, les femmes aiment voyager, donc un homme qui a voyagé a déjà vécu des expériences qu'elle aimerait partager avec lui. Le fait d'être un homme du monde est un facteur d'attractivité.

Cultivez la curiosité. Chaque fois que vous rencontrez quelque chose que vous ne comprenez pas, prenez le temps de faire des recherches et de vous informer. Soyez ouvert aux nouvelles idées et perspectives. Regardez des vidéos sur You-Tube, écoutez des podcasts, suivez l'actualité, les débats politiques, les tendances et les nouvelles découvertes. Cela fera de vous un homme plus intéressant et plus intelligent, avec une grande variété de sujets à aborder.

Participez à des conférences et à des séminaires. Ces événements peuvent être un excellent moyen d'élargir vos connaissances et de rencontrer des personnes intéressantes. C'est un moyen de socialiser, d'apprendre et d'élargir son esprit et ses connaissances.

Méditez. La méditation peut améliorer votre capacité de concentration et votre clarté mentale, ce qui, à son tour, peut améliorer votre intelligence émotionnelle et votre capacité à avoir des conversations profondes. La méditation est une pratique qui vous aidera à contrôler vos émotions, à réduire le stress et à améliorer votre conscience de soi. Autant de qualités qui vous rendront sans aucun doute plus intelligent, et donc plus séduisant.

5. HUMOUR

Comme nous l'avons déjà mentionné, l'humour est l'une des caractéristiques fondamentales de tout homme séduisant. Par conséquent, le fait de développer un sens de l'humour augmentera votre valeur sur le marché de l'amour.

L'une des premières choses à apprendre est de rire de soi-même. Une autocritique saine peut être une source d'humour, et montrer que vous ne vous prenez pas trop au sérieux peut être séduisant. Certains hommes n'acceptent pas les plaisanteries sur eux-mêmes et s'en offusquent. En réalité, en se comportant ainsi, ils ne font que révéler leur faible estime de soi et leur manque de sens de l'humour. La capacité à ne pas se prendre trop au sérieux est une qualité de mâle alpha. Par conséquent, vous ne devez pas être gêné, violent ou en colère si quelqu'un fait une blague sur vous. Au contraire, vous devez montrer que vous êtes capable de rire de vous-même avec d'autres personnes. C'est une qualité qui dénote la sécurité et la confiance en soi.

En revanche, si vous voulez développer votre sens de l'humour, vous pouvez regarder des films comiques, écouter des monologues et observer des personnes drôles. Cela peut vous aider à comprendre le rythme et les schémas qu'ils utilisent pour vous faire rire. Apprenez des personnes qui pratiquent l'humour depuis longtemps. En fin de compte, faire rire les autres est une compétence sociale précieuse qui s'apprend, comme toute autre chose. Si vous êtes capable de remarquer les qualités des maîtres de l'humour, vous pourrez développer votre sens de l'humour.

Vous pouvez également lire des livres ou des articles et regarder des émissions qui traitent des différents types d'humour, de l'ironie au sarcasme en passant par les jeux de mots. Il existe de nombreux types d'humour : l'ironie implique généralement un sens de l'humour intelligent, tandis que le sarcasme est plus caustique et peut peut-être blesser davantage les gens. Les jeux de mots témoignent également de l'intelligence de celui qui sait les utiliser. Vous pouvez lire des livres de blagues ou de monologues.

Comme je l'ai mentionné, l'humour est une compétence qui peut être développée. Il s'améliore avec la pratique, comme tout le reste. Essayez de raconter des blagues ou des anecdotes à vos amis et à votre famille. Observez leurs réactions. Tout ne fonctionnera pas, mais cela fait partie du processus. Par la suite, vous pourrez exploiter et utiliser avec d'autres les blagues ou les histoires drôles qui ont fonctionné.

Cependant, l'humour peut aussi être une arme à double tranchant, c'est pourquoi il est important d'éviter d'être blessant. Les plaisanteries aux dépens d'autrui ou qui perpétuent des stéréotypes négatifs à l'encontre des minorités raciales, ethniques ou culturelles peuvent être offensantes. Recherchez un humour qui rapproche les gens plutôt que de les diviser. Certaines personnes peuvent être offensées par des blagues ou des histoires qui cachent des stéréotypes racistes ou xénophobes. Évitez donc ce type d'humour, qui peut se retourner contre vous.

Le fait de savoir écouter vous permettra de percevoir les réactions des autres et d'ajuster votre approche. Par ailleurs, l'humour naît souvent de la conversation et des situations quotidiennes. Voyez quelles sont les situations qui font rire les gens autour de vous et, à partir de là, vous pourrez générer des histoires originales, divertissantes et drôles. La capacité à réfléchir rapidement vous aidera à trouver de l'humour dans des situations inattendues. Les jeux de mots, les énigmes ou les jeux d'esprit peuvent vous aider à développer cette capacité.

Il est également important d'être authentique. Ne forcez pas l'humour. Il est plus naturel et plus engageant lorsqu'il est spontané et authentique. Au début, vous devrez peut-être apprendre des blagues ou des histoires drôles parce que vous n'avez pas encore développé votre sens de l'humour. Cependant, au fil du temps, à mesure que vous gagnerez en confiance et en expérience dans ce domaine, vous serez en mesure de l'intégrer à votre propre personnalité et de devenir plus authentique, plus naturel et plus drôle. Le monde est plein de situations et d'observations amusantes. Si vous avez un esprit curieux ou observateur, vous pouvez trouver de l'humour dans les endroits les plus inattendus.

Rappelez-vous : si une blague ou un commentaire n'est pas bien reçu, les gens ne vous le diront peut-être pas avec leurs mots, mais ils vous le diront peut-être avec leur langage non verbal. Dans ce cas, réfléchissez à la raison pour laquelle cela n'a pas fonctionné et ajustez votre approche à l'avenir. Tout le monde n'a pas le même sens de l'humour. La clé est de s'adapter et d'être prêt à apprendre. L'humour est sans aucun doute l'un des éléments les plus attrayants de la personnalité. Si vous parvenez à le développer, vous augmenterez considérablement votre valeur en tant qu'homme et serez plus attirant pour les femmes.

6. EMPATHIE

L'une des qualités psychologiques les plus importantes d'un mâle alpha est l'empathie, c'est-à-dire la capacité à comprendre et à partager les sentiments et les émotions d'une autre personne. C'est une qualité précieuse car elle peut enrichir nos relations et améliorer les liens interpersonnels.

L'une des façons de développer l'empathie est ce que l'on appelle l'*écoute active*. De nombreuses personnes commettent l'erreur de parler sans cesse, de ne pas laisser les autres le faire ; elles ne les écoutent pas parce qu'elles ne s'intéressent pas vraiment à ce qu'ils disent et ne se préoccupent que d'elles-mêmes. Vous pouvez pratiquer l'écoute active avec n'importe qui, surtout avec une femme qui vous intéresse d'un point de vue amoureux. Si vous êtes capable de l'écouter sans l'interrompre et sans réfléchir à votre réponse pendant que l'autre personne parle encore, et si vous accordez toute votre attention à ce qu'elle dit, vous la mettrez à l'aise avec vous et créerez un lien émotionnel plus profond. Les femmes ont tendance à parler plus que les hommes, elles apprécient donc quelqu'un qui les écoute.

Si vous voulez développer votre empathie, vous devez éviter de porter des jugements hâtifs. Avant de vous faire une opinion ou de porter un jugement, essayez de comprendre le point de vue et la situation de l'autre personne. Nous pouvons avoir tendance à juger ou à censurer une personne sans connaître sa personnalité, son histoire personnelle, son enfance, ses parents, son évolution ou ses circonstances personnelles. Pour porter un jugement sur quelqu'un, il faut avoir une connaissance aussi approfondie que possible, sinon nous ne ferons que juger sur la base de préjugés. Il faut donc écouter et juger en connaissance de cause.

Pour ce faire, il est conseillé de se mettre à la place de l'autre, car c'est là tout l'intérêt de l'empathie. Imaginez ce que vous ressentiriez si vous étiez dans sa situation ; cela peut vous aider à mieux comprendre ses émotions et ses réactions. L'autre personne fait ce qu'elle fait pour une raison, vous ne pouvez donc pas la juger en fonction de vos catégories et de votre vision du monde. Par exemple, si vous vivez dans une ville d'un pays européen, vous ne pouvez pas juger de la même manière une personne qui vit dans un village d'un pays sous-développé, car sa vision du monde ou ses expériences sont différentes des vôtres. Si vous aviez vécu la même chose que cette personne, votre façon de voir le monde serait peut-être la même que la sienne. Il faut essayer de se mettre à la place de l'autre et comprendre qu'en fin de compte, nous sommes les héritiers et le résultat de notre histoire personnelle, de notre environnement et de nos expériences.

Il est également important d'examiner le langage non verbal. Les émotions et les sentiments sont souvent communiqués par le langage corporel, l'expression faciale et le ton de la voix. Apprendre à lire ces signaux peut vous permettre de mieux comprendre ce que ressent une personne. Malheureusement, de nombreuses personnes n'écoutent pas ou n'observent pas les autres. Une grande partie de la communication ne passe pas par les mots, mais par les gestes, le ton de la voix, les regards... le langage corporel. Vous devez devenir un expert du langage non verbal. C'est un super pouvoir pour un séducteur, pour un leader et pour toute personne qui veut réussir dans ses relations avec les autres.

Posez des questions. Si vous ne comprenez pas quelque chose, demandez-le. Poser des questions n'est pas un signe d'ignorance, mais d'humilité. Seuls ceux qui pensent tout savoir ne posent pas de questions. Lorsque vous posez des questions à quelqu'un d'autre, vous lui donnez l'occasion d'exprimer ses connaissances, s'il sait quelque chose que vous ignorez, et c'est quelque chose que la plupart des gens sont toujours heureux de faire. Cela montre que vous vous intéressez à la question et que vous souhaitez mieux comprendre ce que l'autre personne vous dit. Le fait de poser des questions indique que vous savez écouter et que vous souhaitez comprendre l'autre personne. Entraînez-vous donc à poser des questions ouvertes qui vous aideront à approfondir ce que l'autre personne vous dit.

Il est également conseillé de pratiquer l'autoréflexion. Réfléchissez à vos propres émotions et réactions. En comprenant mieux vos propres émotions, vous pouvez développer une plus grande capacité à comprendre les autres. Si d'autres personnes ont peur ou ne se sentent pas sûres d'elles, essayez d'imaginer une situation dans laquelle la même chose vous est arrivée. Il y en aura une qui ressemblera à certains égards à ce qu'ils vous disent. Ainsi, si vous êtes capable de rechercher des similitudes et des situations semblables dans votre vie, dans votre histoire personnelle, vous serez en mesure de bien mieux comprendre la personne à qui vous parlez.

Élargissez vos expériences. Interagissez avec des personnes de cultures, de lieux, de milieux et de visions du monde différents. Plus votre expérience est diversifiée, plus il vous sera facile de comprendre et de compatir à une grande variété de points de vue. Voyager et rencontrer des personnes d'autres lieux et d'autres cultures est très utile. Si vous avez l'occasion d'évoluer dans un environnement international avec des personnes de différents pays, faites-le : cela peut être enrichissant pour vous et vous aidera à comprendre les points de vue sur la vie qui existent dans les différentes parties du monde.

Pratiquez la gentillesse. Un simple acte de gentillesse peut contribuer grandement à créer un pont de compréhension et de connexion entre vous et les autres. Rendez service. Aidez les gens, mais faites-le de manière désintéressée, sans rien attendre en retour. N'aidez pas seulement la fille qui vous plaît : aidez la fille qui vous plaît, la fille qui ne vous plaît pas, votre ami, votre famille, un étranger. Être une personne gentille, polie et attentionnée est quelque chose qu'une femme verra en vous lorsque vous interagirez avec les autres, et chacune de ces qualités augmentera votre attrait. Il ne sert à rien d'être gentil avec la fille qui vous plaît et d'être désagréable avec les autres. Vous devez être congruent, c'est-à-dire gentil avec tout le monde. Si vous y parvenez, votre valeur en tant qu'homme augmentera considérablement.

7. AMBITION

Fixez des objectifs clairs. Définissez ce que vous voulez atteindre à court, moyen et long terme. Le fait d'avoir des objectifs vous donne un but et une orientation. Mettez-les par écrit : cela vous aidera à les fixer plus clairement dans votre esprit. Les objectifs à long terme concernent votre vision de la vie que vous souhaitez. Les objectifs à moyen terme sont comme des étapes intermédiaires entre les objectifs à long et à court terme. Les objectifs à court terme, quant à eux, sont les mesures que vous devez prendre aujourd'hui pour atteindre ces grands objectifs à long terme. Plus l'objectif est grand, plus vous devrez le diviser en objectifs plus petits afin de l'atteindre.

Entourez-vous de personnes ambitieuses. Nous avons lu dans de nombreux ouvrages sur le développement personnel que nous sommes la moyenne des cinq personnes avec lesquelles nous interagissons le plus. J'ai toujours pensé que cette idée était fausse. Vous pouvez avoir des relations avec votre femme, votre mère, vos enfants ou des collègues qui ne partagent pas vos valeurs, et ces personnes n'ont pas à définir vos normes. Mais il est vrai que les personnes qui nous entourent nous influencent si nous les laissons faire, ou l'inverse : certaines personnes autour de vous ne sont pas des gagnants, et vous, vous pouvez l'être. En fin de compte, cela dépendra de vous, pas de ceux qui vous entourent. Cela n'empêche pas que le fait de rencontrer des personnes ambitieuses peut vous inspirer, vous mettre au défi et vous pousser à aller de l'avant. Par conséquent, il est essentiel de disposer d'un environnement adéquat, comme pour tout autre aspect de votre vie.

Soyez déterminé. N'abandonnez pas facilement. Même si vous êtes confronté à des obstacles, faites preuve de résilience.

Les femmes apprécient les personnes qui persistent malgré les obstacles. N'abandonnez pas. Un homme ambitieux n'abandonne pas au premier obstacle, car chaque obstacle est une occasion de croissance personnelle. Par conséquent, vous devez savoir que plus vos objectifs sont grands et difficiles à atteindre, plus les obstacles que vous devrez affronter seront importants. Mais vous ne pourrez les surmonter que si vous faites preuve d'une détermination totale, complète et inébranlable.

Planifiez vos résolutions. Le fait de disposer d'un plan d'action pour atteindre vos objectifs montre que vous êtes déterminé à les réaliser. En ce sens, l'organisation efficace de votre temps et de vos ressources vous rapprochera de vos objectifs. Vous ne pouvez pas être ambitieux sans plan, qui implique de planifier, d'organiser et de définir ce que vous voulez atteindre et comment. Je vous encourage à planifier par écrit, c'est-à-dire à mettre en place une stratégie pour atteindre vos objectifs.

Assumez la responsabilité de vos actes et de vos décisions. C'est un signe de maturité et de fiabilité. Un leader assume la responsabilité de sa propre vie. Une personne ambitieuse doit également le faire. Le lâche, le non-leader ou le suiveur veut seulement se décharger de la responsabilité de ses actes et la confier à d'autres. Le leader, quant à lui, assume la pleine et entière responsabilité de sa vie. Et même s'il y a de nombreuses circonstances que vous ne pouvez pas contrôler, vous pouvez assumer le fait que vous n'êtes pas une victime et accepter que vous êtes le principal protagoniste de votre vie.

Si vous voulez être ambitieux et atteindre vos objectifs, vous devez également développer des compétences en matière de leadership. Prenez l'initiative de projets, d'activités, et montrez votre capacité à guider et à motiver les autres. Un leader naturel attire l'attention et le respect de ceux qui l'entourent. Vous devez inspirer les autres par l'exemple et être la personne qui fait bouger les choses. Le leader n'est pas passif, mais proactif. Le suiveur attend que les autres agissent. En tant que personne ambitieuse, vous devez assumer la responsabilité de vos actions et être la personne qui fait bouger les choses.

Faites preuve de passion, que ce soit dans votre carrière, vos loisirs ou vos relations. Montrer de la passion pour ce que l'on fait est contagieux et attirant. Les femmes sont attirées par les hommes passionnés et enthousiastes.

N'oubliez pas non plus que l'authenticité est essentielle. Développez de l'ambition pour vous-même et pour vos propres désirs, et pas seulement pour attirer les femmes. Les gens sentent que quelqu'un est authentique, et c'est en soi un signe d'attirance.

8. HONNÊTETÉ

Pour un mâle alpha, l'honnêteté est une qualité fondamentale. Être honnête signifie être véridique, authentique et sincère dans nos paroles, nos actions et nos décisions. C'est la volonté de dire la vérité et d'agir sans tromper ni escroquer les autres. L'honnêteté implique l'absence de mensonge, de fraude ou de tromperie. Il s'agit de véracité, de toujours dire la vérité, quelles qu'en soient les conséquences. Elle est également liée à l'intégrité, c'est-à-dire au fait d'agir conformément aux principes éthiques et moraux, même lorsque personne ne regarde. Un homme honnête est transparent, clair et ouvert sur ses intentions, ses pensées et ses sentiments.

L'homme bêta trompe les femmes qu'il veut conquérir. Il prétend être ce qu'il n'est pas. Il prétend être ami avec la femme avec laquelle il veut vraiment coucher parce qu'il pense que c'est la meilleure façon de l'approcher. Mais en réalité, il est faux et manipulateur.

Le mâle alpha est transparent. S'il aime une femme, il n'a pas honte de le lui montrer par ses actes et ses paroles. De plus, l'homme alpha est responsable. Il assume la responsabilité de ses actes, y compris en admettant ses erreurs et en cherchant à les réparer. C'est l'une des caractéristiques fondamentales de l'honnêteté, mais celle-ci ne sert à rien si elle repose sur des actions isolées, il faut donc maintenir une constance, une cohérence entre ce que l'on dit et ce que l'on fait. Il ne sert à rien de prétendre, par ses paroles, être d'une certaine manière, alors que ses actes prouvent le contraire. L'honnêteté, c'est l'absence de tromperie, c'est ne pas cacher, déformer ou manipuler la vérité à son profit ou au détriment d'autrui.

L'honnêteté est une qualité qui, comme toutes les autres, commence par la connaissance de soi, par une réflexion sur ses valeurs, ses croyances, ses objectifs et son but. Vous ne pouvez pas être honnête avec vous-même si vous ne savez pas qui vous êtes et ce que vous voulez dans la vie. Un homme honnête est franc et direct, mais aussi respectueux dans sa communication. Il évite de cacher ses pensées ou ses sentiments, tout en les exprimant de manière empathique, polie et intelligente. Il reconnaît ses erreurs, car il sait que personne n'est parfait, les admet même en public et s'efforce de les améliorer. Il n'exagère pas. Il n'est pas un frimeur qui prétend être ce qu'il n'est pas. Il n'exagère pas ses réalisations ou ses capacités. Il est humble et laisse ses actions parler d'elles-mêmes et permet aux autres de se porter garants de lui, de faire son éloge.

Évitez les mensonges. Bien que cela puisse paraître évident, il est essentiel d'éviter les mensonges, même les petits mensonges. Une confiance longuement gagnée peut être perdue en un instant à cause d'un simple mensonge. L'homme honnête écoute activement, fait preuve de respect et de sincérité dans ses interactions et s'efforce de comprendre et de respecter les sentiments et les points de vue des autres, en particulier en cas de désaccord. Vous pouvez être en désaccord avec un homme alpha, mais cela ne doit pas nécessairement conduire à une confrontation ou mettre fin à votre amitié ou à votre relation professionnelle, car vous pouvez être en désaccord avec la politesse et l'intelligence émotionnelle qui vous permettent d'exprimer des idées opposées sans mettre en péril la relation.

9. HOMME BÊTA

Le conditionnement social et culturel nous a inculqué certaines croyances, règles et paradigmes sur la façon dont le monde devrait fonctionner. Ces normes deviennent souvent des dogmes, de sorte qu'il est souvent mal vu de les remettre en question. Nous vivons dans une société où la censure est présente et où le fait de dire quelque chose qui va à l'encontre de la norme peut conduire à l'ostracisme. Vous pouvez être *annulé* si vous allez à l'encontre de la norme.

Si nous examinons la manière dont la société ou la culture dominante dans les pays occidentaux perçoit l'attirance, nous constatons que la perception majoritaire est bêta. La vision bêta de l'attirance suggère qu'il est bon pour un homme d'envoyer sans cesse des messages à sa partenaire et qu'il doit toujours la faire passer en premier, ce que nous avons vu d'innombrables fois dans des films, des séries et des chansons. Il y a aussi l'idée bien ancrée que plus vous passez de temps avec votre partenaire, plus il ou elle vous aimera. Ce n'est pas vrai non plus, car de nombreux couples finissent par s'épuiser à force de passer trop de temps ensemble.

Lorsque vous êtes gentil avec une femme, non pas parce que vous voulez l'être, mais parce que vous n'êtes intéressé que par une relation affectueuse ou sexuelle avec elle, vous essayez en fait de la manipuler et de cacher vos véritables intentions, ce qui est, par essence, une forme d'hypocrisie. L'homme alpha, quant à lui, ne cache pas ses intentions. L'homme bêta prétend souvent être l'ami d'une femme alors qu'il veut en réalité la séduire. Ce qui se passe, c'est qu'il se cache et devient le serviteur ou le mouchoir émotionnel sur lequel elle jette ses problèmes.

C'est le piège de la *friendzone* : certaines personnes pensent qu'en étant d'abord amis, l'autre personne se rendra compte de leur valeur en tant que partenaire. Beaucoup d'hommes, au lieu d'être honnêtes et de faire comprendre à la femme qu'ils peuvent avoir quelque chose ensemble, deviennent son caniche, son faux ami, pour essayer de faire en sorte que quelque chose se passe plus tard. En réalité, ce qu'ils font, c'est tuer l'attirance, parce qu'un homme alpha ne cacherait pas ses intentions.

On pense à tort qu'il faut cacher l'intérêt authentique, sexuel et affectueux que l'on porte à une femme. Mais cela ne marche pas, car les femmes sentent généralement quand un homme est malhonnête ou a des intentions cachées. L'hypocrisie n'est pas attrayante, et il est essentiel d'être authentique dans les relations.

La vision bêta peut également conduire les hommes à trop gâter leur femme au point de modifier leurs propres intérêts et passe-temps pour les adapter à ceux de leur partenaire. Cette complaisance peut aller jusqu'à l'abandon de ses propres objectifs et ambitions. Par exemple, si un homme d'affaires de premier plan cessait d'essayer d'améliorer le monde parce qu'il veut passer plus de temps avec son partenaire au lieu d'augmenter son attractivité, il la diminuerait. Le point de vue bêta suggère que l'on devrait donner la priorité à son partenaire par-dessus tout, même au détriment de son authenticité et de ses objectifs. Mais c'est une erreur. En fait, c'est le contraire qu'il faut faire : donner la priorité à soi-même et à ses objectifs. Ce n'est que lorsque vous aurez clairement défini votre objectif et que vous ne vous en écarterez pas pour plaire à quelqu'un d'autre que vous réussirez à l'attirer. Tout ce que les femmes et la majorité de la société vous disent de faire est en fait faux. Si vous les suivez, vous deviendrez un homme bêta qui ne parviendra pas à atteindre ses objectifs.

10. HOMME ALPHA

Le fait d'être un homme alpha a été associé à l'idée d'être un leader, d'avoir confiance en soi et d'avoir certaines caractéristiques pour les femmes. Au fil du temps et de l'histoire, certains traits « intemporels » ont pu être identifiés à ceux de nombreux hommes alpha.

Tout d'abord, nous avons la confiance en soi, qui est liée à votre *état d'esprit*, à votre mentalité, et c'est sans aucun doute l'un des éléments fondamentaux. En fin de compte, tout commence par l'état d'esprit. L'esprit crée la réalité, et une personne confiante crée une réalité qui lui est favorable. La véritable confiance en soi est attrayante, elle ne peut donc pas être fausse, ni être un masque que vous mettez pour impressionner la fille qui vous plaît. Il ne s'agit pas d'être arrogant, prétentieux, grossier ou insistant, mais d'avoir confiance en soi et en ce que l'on vaut, de connaître sa voie et de la suivre avec passion jusqu'au bout. C'est pourquoi il est important de travailler sur l'estime et l'acceptation de soi.

Un mâle alpha est un homme intègre et honnête, pas un manipulateur émotionnel. La cohérence entre ce que vous dites et ce que vous faites est fondamentale. L'homme alpha est une personne de confiance. Les gens font confiance et respectent quelqu'un d'honnête et d'intègre. L'homme alpha n'est pas un manipulateur, ce n'est pas un vampire émotionnel ou un imposteur, mais quelqu'un qui tient sa parole : vous pouvez lui serrer la main pour conclure une affaire, et vous savez qu'il la tiendra.

Le mâle alpha sait également communiquer. Il apprend à écouter et exprime ses pensées et ses sentiments de manière claire et respectueuse. Les femmes apprécient un homme capable de tenir une conversation intéressante. Il est intéressant de parler à l'homme alpha. Vous pouvez lui parler de tout et vous savez qu'il sera raisonnable et que ses réponses seront cohérentes, intéressantes et pertinentes.

L'homme alpha, contrairement à l'homme bêta, ne dépend pas des autres pour son bonheur ou sa validation : il sait qu'il est en lui-même et qu'il reconnaît sa propre valeur, il n'a donc pas besoin que les autres la lui donnent. L'homme bêta est toujours en train d'implorer l'attention et la validation des autres ; c'est une personne émotionnellement paralysée. L'homme alpha, en revanche, est indépendant et reconnaît et gère ses émotions sans les laisser le contrôler. Il a des objectifs et des ambitions dans la vie qui sont orientés vers son but profond, et ils n'ont pas besoin d'être grandioses ou spectaculaires, mais plutôt passionnés et motivants. Grâce à la contagion émotionnelle, si vous avez une passion ou quelque chose qui vous intéresse, vous pouvez amener les gens autour de vous à s'y intéresser. Et s'ils ne le font pas, vous parviendrez à ce qu'ils vous respectent, car les gens apprécient et respectent ceux qui ont une passion et se battent pour celle-ci.

La volonté d'apprendre et d'évoluer, tant sur le plan personnel que professionnel, témoigne d'une maturité et d'un engagement en faveur du développement personnel. L'homme alpha est toujours en train d'apprendre. Il a la modestie et l'humilité de savoir qu'il ne sait pas tout. C'est pourquoi il veut toujours s'améliorer, progresser et apprendre. Il n'est pas fier de ses connaissances, mais humble, car il est conscient qu'il n'en sait pas plus qu'il n'en sait.

Le mâle alpha est capable de se mettre à la place des autres et est compréhensif. Il s'agit d'une qualité attrayante qui témoigne d'une maturité émotionnelle. Il ne pleurera pas parce qu'une femme le quitte, mais comprendra que cela fait partie de la vie et l'acceptera. L'homme alpha ne sera jamais violent envers une femme ; au contraire, il respectera ses opinions, ses sentiments et ses décisions.

Un homme alpha n'a pas besoin d'avoir un corps de mannequin, mais il doit prendre soin de sa santé, faire de l'exercice régulièrement, bien manger et soigner son apparence. Il s'aime, a une haute estime de lui-même et s'efforce donc d'avoir un physique optimal et une bonne santé émotionnelle et physique. Il traite les femmes et toutes les personnes avec respect. Il n'est pas alpha dans le sens où il domine les autres, mais parce que les autres veulent le suivre, car ils se sentent bien avec lui.

Il n'est pas un imitateur, il est authentique. Il n'essaie pas d'être quelqu'un qu'il n'est pas pour plaire à sa femme : si elle aime le cyclisme et pas lui, il ne deviendra pas cycliste pour lui plaire, il lui parlera honnêtement et lui dira qu'il n'est pas intéressé par ce sport. Et la femme respectera cette démarche si cela se fait avec gentillesse, politesse et empathie.

Il n'a pas peur d'être vulnérable, de montrer ses émotions et d'être honnête sur ses sentiments. Contrairement à ce que pense l'homme bêta, cela ne vous rend pas faible, mais plus humain et donc plus attirant. De plus, il ne dirige pas par la terreur et la peur, mais par l'exemple.

Si vous voulez être considéré comme un leader ou un alpha, démontrez par vos actes ce que vous prêchez. Ne vous comparez pas aux autres. Votre parcours est unique. Ne vous mesurez pas aux normes de quelqu'un d'autre ou à ce que vous pensez devoir être. Vous êtes qui vous êtes. Et vous devez suivre votre propre voie. Vous pouvez vous inspirer de ce que les autres ont fait, vous pouvez essayer d'imiter ceux qui ont accompli des choses importantes dans leur vie, mais vous êtes conscient que vous devez suivre votre propre chemin. Un mâle alpha, en tant que personne mature et confiante, est capable de faire face au rejet. Il comprend que tout le monde ne sera pas intéressé ou d'accord avec lui. Et ce n'est pas grave. Il apprend à gérer le rejet avec grâce, comme s'il s'agissait d'une autre partie de la vie. Le rejet ou l'échec est une forme d'apprentissage et d'amélioration de soi.

Un mâle alpha lit, s'instruit, voyage et a l'esprit ouvert, ce qui le rend plus séduisant. Il privilégie sa passion, sa santé, sa liberté et sait dire « non ». Nous sommes habitués à ce que les femmes disent non aux propositions des hommes, mais les hommes, en général, ont tendance à être moins sélectifs, beaucoup moins que les femmes, lorsqu'il s'agit d'amour. Et il semble qu'un homme, selon l'idéal romantique bêta, doive dire « oui » à tout ce que dit sa femme. Mais dire « non », au lieu de faire de vous une personne méchante et égoïste, fait de vous un alpha, un leader. L'homme alpha est clair sur ses objectifs, ses désirs et ses valeurs. Pour cette raison et parce qu'il ne cherche pas à se conformer à ce que pensent les autres, il lui est plus facile de dire « non » à beaucoup de choses. Lorsque vous savez ce que vous voulez, vous pouvez rejeter tout ce qui se met en travers de votre chemin. Dire « non » ne vous rendra pas antipathique, ni moins précieux ou moins attirant pour les femmes, mais cela augmentera votre valeur sur le marché de l'amour. Une femme a besoin d'un homme capable de lui dire « non » sur de nombreux points. En fait, les femmes testent souvent votre congruence pour vous faire dire « non », et non pour vous faire dire « oui ».

Si vous avez une passion et un but et que la femme veut que vous changiez vos idées, votre passion ou votre but pour lui convenir et que vous le faites, vous perdrez votre attrait. Par exemple, vous avez certaines idées politiques et vous en êtes convaincu, mais votre femme a d'autres idées ; dans ce cas, si vous abandonnez vos idées pour vous conformer à celles de votre femme, vous ne gagnerez pas en attractivité, mais vous la perdrez : vous montrerez que vos convictions sont faibles et que vous voulez seulement qu'elle vous aime. Cela va à l'encontre de la pensée intuitive : « Si elle pense une chose et que je pense la même chose, nous nous entendrons mieux ». Au contraire, vous devez rester ferme dans vos convictions si vous y croyez. En ce sens, vous ne pouvez pas être un *homme inconstant*, qui pense une chose un jour et son contraire le lendemain, juste pour rechercher l'approbation des autres ou pour faire en sorte qu'une fille vous aime et vous apprécie.

Vous devez trouver un équilibre entre le temps passé avec la femme qui vous plaît et votre passion. Une erreur énorme — c'est ce que fait le mâle bêta — est de mettre de côté votre passion, votre but, vos amis, votre famille, votre salle de sport, votre travail ou vos *passe-temps* pour qu'elle vous aime. Si vous le faites, vous tuerez l'attirance, au lieu de la nourrir.

Un mâle alpha peut être romantique, voire même romantique comme ceux que nous avons vus dans certains films, livres et séries, qui manipulent la plupart des gens. Mais l'essentiel est de savoir quand il est romantique. Le mâle bêta, lors d'un premier rendez-vous, offre à la fille un bouquet de fleurs et l'emmène dans un restaurant chic. Il est soumis et « romantique », entre guillemets, suivant ce qu'il a vu dans les films et les séries. Mais dans la vraie vie, au lieu d'attirer, cela provoque le rejet.

L'homme alpha, quant à lui, ne s'investit pas autant dans une femme qu'il vient de rencontrer et se contente d'un premier rendez-vous décontracté pour apprendre à se connaître et voir si elle l'intéresse. En d'autres termes, la femme n'a pas gagné le droit de recevoir un bouquet de fleurs, d'aller dans un restaurant coûteux ou de recevoir un cadeau. Elle ne l'a pas *encore* gagné. Elle doit le mériter. L'homme bêta se donne dès le premier jour. L'homme alpha peut faire de tels gestes romantiques, mais uniquement lorsqu'ils sont justifiés par une attirance réelle et sincère entre eux deux. L'homme bêta qui prétend être « romantique » est en fait un manipulateur, car il veut acheter l'amour de la femme qu'il aime avec des cadeaux coûteux.

Le mâle alpha ne veut pas acheter son amour, il veut établir un lien réel et authentique, et il investira ses ressources en elle lorsque ce lien aura été établi. Par conséquent, l'erreur des gestes romantiques que nous avons vus dans les films réside principalement dans le *moment* où ils sont réalisés. L'homme alpha comprend que ces gestes romantiques sont faits lorsqu'il y a déjà une relation établie ou en cours de développement. Au contraire, l'homme bêta n'est pas très sélectif et ne comprend pas qu'avant de faire ces gestes qu'il a vus dans les films, il doit générer une connexion émotionnelle avec la femme.

Le mâle bêta cache ses intentions. Il essaie d'éviter d'entrer dans le radar amoureux de sa partenaire potentielle. Il fait semblant d'être ami avec la femme non pas parce qu'il le souhaite, mais parce qu'il veut avoir une relation. Ainsi, lorsqu'il est ami avec elle depuis un certain temps, il dévoile ses intentions en suivant le scénario d'un film romantique bon marché. Tout cela ne fait qu'engendrer le rejet et le dégoût de la femme : d'abord, parce qu'il lui a menti en prétendant être son ami alors qu'il ne l'était pas et qu'il avait d'autres intentions, et ensuite, parce qu'il a fait des gestes romantiques sans qu'il y ait eu de lien entre eux en tant que couple au préalable.

L'homme alpha, quant à lui, laisse la femme savoir dès le départ quelles sont ses intentions. Il ne prétend pas être son ami pour la manipuler, mais montre ce qu'il est et ce qu'il veut. De manière claire et sans ambiguïté, il fait savoir à la femme qu'il s'intéresse à elle, qui décidera ensuite si cet intérêt est réciproque ou non. Mais l'homme alpha n'est pas un manipulateur comme l'homme bêta, qui prétend être un ami sans l'être et qui veut acheter l'amour et le sexe avec une femme avec des gestes romantiques qu'il a vus dans des romans et feuilletons.

Lorsque le mâle bêta constate que ses intentions amoureuses échouent à plusieurs reprises, il tente de recourir à la pitié : il s'enregistre en train de pleurer, envoie un *mail* à la fille qui lui plaît pour lui dire qu'il veut se suicider, ou toute autre chose pathétique pour susciter la pitié chez elle. Ce faisant, il ne fait que l'éloigner davantage de lui. En d'autres termes, il tente d'obtenir ce qu'il n'a pas réussi à obtenir avec des gestes romantiques ridicules, en cherchant à la faire s'apitoyer sur ses émotions. En réalité, il ne fera que démontrer qu'il est une personne immature.

Le mâle alpha ne pleure pas parce qu'une femme le rejette, il comprend que cela fait partie du jeu. Il n'est pas non plus violent ou rancunier envers la femme qui l'aime et qui le rejette. Il sait qu'il y a beaucoup d'autres femmes qui pourraient l'aimer. Et ce n'est pas grave. En d'autres termes, il n'idéalise pas cette femme, il ne la met pas sur un piédestal, il ne pense pas qu'elle est la seule à pouvoir être avec lui et que, s'il n'est pas avec elle, sa vie n'a pas de sens. La vie de l'homme alpha a un sens qui lui est propre et qui fait partie de son moi profond. L'homme bêta, en revanche, n'a pas de vie propre, mais est un parasite émotionnel pour les autres, ce qui le rend beaucoup moins attirant. Il devient un homme repoussant pour les femmes. Bien qu'il pense suivre les règles de la société et qu'il le fasse, en réalité, ces règles sont construites non pas pour son succès, mais pour son échec en tant qu'homme.

Le mâle alpha a le choix. Il n'idéalise pas la relation qu'il peut avoir avec une seule femme car il sait qu'il peut en avoir beaucoup d'autres. C'est un homme qui a le choix. L'homme bêta, quant à lui, vit dans la pénurie. Il sait que, s'il est avec une fille, il doit s'accrocher à elle, car il y a de fortes chances que si elle le quitte, il soit seul pour toujours ou pour longtemps. C'est donc un vampire émotionnel qui aura recours à toutes les techniques de manipulation pour que la fille qu'il a réussi à piéger ne le quitte pas, mais il ne parviendra qu'à l'éloigner de lui. Si un homme a été rejeté par de nombreuses femmes et qu'il s'en vante comme le font les hommes bêta, il tue l'attrait de ses partenaires potentielles.

Le mâle alpha a des relations et de l'expérience, il est une personne de choix et a donc été présélectionné par d'autres femmes. Cela accroît son attrait. L'homme bêta vit dans le ressentiment à l'égard des femmes qui l'ont quitté dans le passé, alors que l'homme alpha ne parle pas en mal de son ex, mais des bonnes choses qu'ils ont vécues ensemble. Il ne vit pas dans le ressentiment et la pénurie, mais se souvient des bons moments et a une mentalité d'abondance.

Il est probable que lorsqu'une femme apprend à vous connaître, elle a d'autres options, d'autres hommes avec qui elle pourrait être. L'homme alpha ne s'en préoccupe pas. L'homme bêta, en revanche, la jugera, pensera que c'est une mauvaise femme, une femme facile, une traînée. Il éprouvera du ressentiment et craindra que ces hommes ne lui enlèvent la femme qu'il a fréquentée. L'homme bêta est jaloux, mais l'homme alpha ne l'est pas : il est sûr de lui et, si la femme qu'il aime décide d'aller avec un autre homme, il l'accepte comme faisant partie du jeu.

L'homme bêta a une relation avec la première femme qui croise son chemin parce qu'il est quelqu'un qui n'a pas d'options. L'homme alpha, en revanche, réfléchira longuement avant de s'engager dans une relation avec quelqu'un parce qu'il a des options, qu'il a de la valeur et qu'il le sait. Il y a de fortes chances que, s'il s'engage dans une relation, ce soit elle — plutôt que l'homme — qui fasse le premier pas pour montrer clairement qu'ils sont ensemble. Par conséquent, si l'homme se sent à l'aise et pense qu'il s'agit d'une femme de valeur, il peut s'engager dans une relation avec elle. L'homme bêta, quant à lui, n'est pas sélectif car il vit dans la pénurie et le manque de choix. De plus, lorsqu'il s'engage dans une relation, il subit humiliations et vexations, car il sait qu'il ne peut aller nulle part parce qu'il n'a rien de mieux à faire.

Le mâle alpha offre un cadeau non pas pour manipuler la femme, obtenir quelque chose d'elle ou la faire tomber amoureuse de lui, mais parce qu'il estime qu'il aimerait la voir heureuse à un moment donné. Il ne s'agit pas d'une forme de manipulation, mais de connexion. L'homme bêta pense que, lorsqu'il offre un cadeau à une femme, celle-ci lui doit quelque chose, alors qu'en réalité elle ne lui doit rien, car il utilise le cadeau ou son attention comme un moyen de la manipuler.

Une relation avec un mâle alpha est généralement spontanée et c'est généralement la fille qui souhaite avoir cette conversation pour clarifier *ce dont il s'agit*. Le mâle alpha a parfois du mal à sortir de cette situation ou à s'engager parce qu'il a plus d'options, mais s'il est intéressé par la fille, il cessera de voir d'autres femmes et s'engagera naturellement dans une relation. Si, lorsque cette situation se présente, le mâle alpha ne veut pas être en couple, il la laisse partir, il ne la manipule pas, ne la trompe pas, ne voit pas d'autres filles en cachette. Il est honnête, clair et ouvert parce qu'il n'est pas un manipulateur qui vit dans le mensonge, mais il est honnête avec ceux qui l'entourent. Cela ne vaut pas la peine de blesser une femme avec laquelle il a partagé de bons moments en la trompant.

L'homme bêta, quant à lui, a une attitude plus manipulatrice à l'égard de la femme. Si elle est obstinée à le tester et veut juste vérifier sa cohérence, l'homme alpha doit lui dire « non », fixer des limites ou s'éloigner ; il ne doit pas se mettre en colère contre elle, mais lui imposer des limites. L'homme bêta, quant à lui, ne comprendra pas cette crise, cette colère de cette femme, et il sera donc agacé ou en colère contre elle, voire violent, et c'est ce qui sépare un homme alpha d'un homme bêta.

CHAPITRE 3. COMMENT SÉDUIRE UNE FEMME

1. POLARITÉ MÂLE ET FEMELLE

Je veux vous parler d'un sujet que vous ne trouverez presque nulle part ailleurs. Vous ne le verrez certainement pas dans les médias ou dans les livres romantiques, mais il exprime une vérité essentielle, éternelle et universelle qu'il est essentiel que vous connaissiez : la polarité masculine et féminine. Lorsque je parle de polarité, je me réfère à l'énergie, aux comportements et aux paradigmes culturels. Bien qu'elle puisse s'exprimer de multiples façons, lorsque nous en parlons, nous exprimons des archétypes biologiques, culturels et symboliques.

L'important est que vous compreniez le message principal. Dans la nature, et certainement dans les relations affectives et sexuelles entre humains, il existe deux polarités fondamentales : le masculin et le féminin. L'harmonie et la connexion entre deux personnes ne sont possibles que lorsque les deux polarités sont complémentaires, c'est-à-dire lorsqu'il existe une forte polarité masculine et une forte polarité féminine. C'est alors que se produit une union parfaite et magnifique.

Toutes les personnes ont un côté féminin et un côté masculin ; cependant, certains hommes ont une polarité féminine. En d'autres termes, la polarité est une chose, et le sexe en est une autre. Ce sont des choses différentes. Il y a des hommes-femmes, c'est-à-dire des hommes hétérosexuels qui sont attirés par des femmes, mais dont la polarité est féminine, et des femmes hétérosexuelles qui sont attirées par des hommes, dont la polarité est masculine. Mais il y a aussi des couples de même sexe dans lesquels — si l'on regarde sans préjugés et avec un esprit ouvert — l'un des deux a une polarité féminine, tandis que l'autre a une polarité masculine. Car le féminin et le masculin s'attirent. Il peut donc y avoir un couple de deux hommes homosexuels, mais l'un d'eux aura une polarité féminine, tandis que l'autre aura une polarité masculine. Nous l'avons constaté dans d'innombrables couples homosexuels, mais aussi dans de très nombreux couples hétérosexuels.

Pour être un homme attirant pour la plupart des femmes, vous devez avoir une forte polarité masculine. Plus votre polarité masculine est puissante, plus vous attirerez naturellement les belles femmes féminines. Vous devez donc être honnête avec vous-même et comprendre quelle est votre polarité. Si vous avez une polarité féminine ou masculine, mais une polarité faible, je vous recommande d'entamer un processus de renforcement de la polarité masculine. Comment ? D'abord, par l'action. La polarité masculine est considérée comme dynamique et orientée vers un but. Elle est aussi souvent identifiée à la rationalité. L'homme masculin est logique, analytique et objectif. Il prend des décisions basées sur des faits plutôt que sur des émotions. Il est également protecteur et résiste à la pression. Cela fait également partie de la polarité masculine. L'homme de polarité masculine, que nous pouvons appeler l'*homme alpha*, est ferme, stable et protecteur ; il est indépendant et autonome. C'est un homme qui protège la femme.

Mais si vous êtes un homme faible, dépendant de votre femme ou des femmes en général, un homme qui ne se prend pas en charge, qui ne sait pas ce qu'il veut, qui n'a pas de projets ou qui n'a pas la capacité de subvenir à ses besoins et à ceux de sa famille, vous affaiblissez votre polarité masculine.

Nous vivons dans une société en guerre contre la polarité masculine. Les médias et le faux-féminisme contemporain visent à détruire votre polarité masculine et à faire de vous un homme faible, un homme-femme. Mais ce faisant, ils ne font que frustrer les femmes. Un monde rempli d'hommes-femmes n'aboutira qu'à ce que les femmes ne trouvent pas d'hommes dont elles soient capables de tomber amoureuses. Quand il y a un homme qui a une polarité masculine, les femmes se battent pour lui, le cherchent et sont folles de lui parce qu'il est devenu un diamant de plus en plus difficile à trouver. C'est parce que tout dans la société, ce que vous disent les médias et l'endoctrinement des masses, vise à détruire votre polarité masculine. C'est pourquoi vous devez la renforcer, mais en même temps comprendre le type de polarité que vous possédez.

La plupart des hommes sont attirés par les femmes féminines dotées d'une polarité féminine. Mais qu'est-ce que c'est ? La polarité féminine est identifiée à la réceptivité, à l'accueil, à la capacité d'adaptation au changement, à l'intuition, aux émotions, aux compétences sociales, à la créativité et à la fertilité, à la connexion et à la relation, à la flexibilité et à la capacité de s'adapter à différentes situations. Une femme féminine sait ce qu'elle veut et prend soin d'elle-même en préservant sa féminité et sa beauté. Elle permet à l'homme d'assumer son rôle de polarité masculine ; elle se laisse guider par lui et espère que, face aux pressions de la vie, il pourra la soutenir et la valoriser. Les femmes rêvent de trouver un tel homme qui puisse les faire tomber amoureuses.

Dans les romans d'amour que la plupart des femmes lisent, on trouve, par exemple, l'histoire typique de la romance entre une fille normale et un millionnaire. Les couvertures de ces romans sont pleines d'hommes musclés, masculins, couronnés de succès, millionnaires et prospères, de politiciens importants, de rois ou de mauvais garçons séduisants, c'est-à-dire d'hommes ayant une valeur sociale élevée. C'est ce que les femmes veulent et c'est pourquoi elles consomment ces produits. Elle lit des romans d'amour parce qu'elle veut voir l'histoire d'un homme de polarité alpha capable de séduire une femme de polarité féminine.

Que se passe-t-il donc si vous avez une polarité féminine ? Vous attirerez les femmes de polarité masculine, c'est-à-dire que vous finirez par devenir un homme-femme. Peut-être l'êtes-vous déjà. Peut-être êtes-vous un homme-femme sans le savoir, un homme hétérosexuel, mais avec une polarité féminine. Je vous invite donc à faire en sorte que cela change. Essayez d'entrer en contact avec d'autres hommes de polarité alpha. Faites du sport, allez à la gym, faites de la musculation, soignez votre alimentation, habillez-vous comme un mâle alpha, soignez votre apparence. Si vous n'avez pas de travail, si vous n'avez pas la capacité financière, si vous vivez dans la pauvreté, il vous sera difficile d'attirer une femme.

Il faut avoir une vie indépendante. Vous devez vivre seul, avoir votre propre maison, votre propre voiture, votre propre emploi. Vous devez être capable de subvenir à vos besoins et à ceux des autres. Si vous avez 40 ans, que vous vivez chez vos parents, que vous n'avez ni travail ni argent, comment voulez-vous qu'une femme veuille être avec vous ? Aucune femme de grande valeur — les femmes que vous aimez — ne voudra être avec un tel homme, et ce n'est pas parce qu'elles sont matérialistes ou méchantes. Ne leur en voulez pas d'être comme elles sont.

Il est logique qu'une femme belle et féminine, qui a beaucoup d'hommes qui la désirent et qui a le choix, n'aille pas avec un homme qui a 40 ans, qui vit chez ses parents, qui n'a pas d'argent, qui est gros, qui ne prend pas soin de lui, qui fume, qui se drogue et qui boit de l'alcool. Cet homme a toutes les qualités dont une femme ne veut pas. Et cela ne vous servira à rien, en tant que mâle bêta, si vous en êtes un, de vous mettre en colère ou de penser que la femme est mauvaise, matérialiste et qu'elle ne veut que votre argent. Tout cela n'est que mensonge.

Les femmes sont programmées pour être attirées par certaines qualités. Il en va de même pour les hommes. Tout comme vous êtes attiré par les femmes symétriques, minces, belles et féminines, les femmes sont attirées par d'autres qualités. Il faut l'accepter, car c'est ainsi que fonctionne le jeu de la séduction. Ainsi, si dans le passé les partenaires que vous avez eues étaient des femmes masculines, c'est-à-dire des femmes qui vous dominaient, des femmes qui prenaient l'initiative dans la relation, des femmes qui fournissaient, des femmes qui ne vous respectaient pas, vous devez savoir qu'elles vous méprisaient probablement au plus profond d'elles-mêmes.

Si vous avez vécu ces situations, je vous invite à changer de polarité. Si vous ne le faites pas, vous n'entrerez que dans des relations où vous serez l'homme-femme et elle sera la femme-homme. Contrairement à ce que vous disent les programmes de masse, vous ne vous sentirez probablement pas satisfait, mais plutôt profondément frustré. Et elles, qui ont été forcées par la société et par vous à assumer ce rôle masculin, en quelque sorte contre nature, vous en voudront.

Certains de ces couples peuvent aller de l'avant parce qu'ils ont une polarité équilibrée, mais ils fonctionneront toujours beaucoup moins bien qu'un couple où l'homme a une polarité masculine et la femme une polarité féminine. C'est ce qu'il faut rechercher. Il y a des femmes qui ont été forcées par la société, par leur travail ou par leur position de pouvoir à acquérir des comportements ou — même — à s'habiller comme si elles étaient des hommes. En d'autres termes, la société les a transformées en femmes-hommes. Le plus normal, c'est que ce type de femme se retrouve en couple avec un homme-femme, un homme bêta.

Si un homme alpha rencontre une femme de polarité masculine, il est très probable qu'ils finiront par se repousser l'un l'autre et que le couple ne sera pas fécond, car lorsqu'il y a deux polarités similaires, il se produit un déséquilibre. Si l'homme est masculin et que la femme est masculine, cette femme ne sera pas attirante pour lui parce qu'il aura beaucoup de femmes féminines à sa disposition et que, très probablement, une femme masculine ne sera pas très attirante et, par conséquent, ne génèrera pas d'attraction de la part de l'homme alpha. Dans ce cas, un tel couple n'aura pas lieu.

Si vous êtes un homme-femme et que vous vous associez à une femme de polarité féminine, cette association ne fonctionnera pas non plus. En d'autres termes, lorsqu'il y a deux polarités féminines dans la relation, celle-ci ne sera probablement pas équilibrée.

Si vous trouvez une femme de polarité alpha et que vous êtes un homme alpha, vous pourrez peut-être inverser sa polarité. En d'autres termes, votre femme peut être alpha dans son environnement de travail, par exemple, mais lorsqu'elle rentre chez elle, elle comprend qu'elle peut se reconnecter à son énergie féminine. Dans ce cas, un meilleur équilibre peut être atteint. En principe, une relation entre un homme masculin et une femme masculine ne fonctionnera probablement pas. C'est pourquoi vous devez comprendre en profondeur cette distinction entre la polarité masculine et la polarité féminine, car elle est la clé de ce que j'explique dans ce livre. Si vous ne la comprenez pas, cela ne vous servira à rien d'apprendre des techniques de séduction.

Travaillez votre polarité masculine. Nous ne parlons pas ici de masculinité toxique. Vous ne devez pas devenir un macho qui traite mal les femmes, je ne vous demande pas de devenir une sorte d'homme des cavernes sans cervelle, bien au contraire. L'homme masculin, l'homme alpha, a un calibrage social, traite les femmes avec beaucoup de respect, a des alternatives et les comprend, connaît le jeu de la séduction et sait comment faire tomber une femme amoureuse. C'est un homme exquis dans ses rapports avec les femmes, et c'est pour cela qu'elles le poursuivent.

Si vous voulez être un homme attirant pour la plupart des femmes, renforcez votre polarité alpha, votre polarité masculine. Il se peut que vous soyez un homme de polarité masculine et que, par conséquent, les femmes de polarité masculine ne vous trouvent pas attirant, mais ce n'est pas grave. Vous ne pouvez pas plaire à tout le monde. Il est impossible que toutes les femmes (100 %) soient attirées par vous. Il y aura des femmes qui seront plus attirées par les hommes de polarité féminine parce qu'elles auront une polarité masculine. Mais il y a de fortes chances que vous, en tant qu'homme, ne soyez pas intéressé par le fait d'être un homme-femme et de vous mettre en couple avec une femme-homme. Si vous le faites, vous finirez probablement par vivre dans une frustration profonde. En fin de compte, vous irez à l'encontre des lois universelles de la nature, qui stipulent qu'il existe deux polarités dans notre espèce — mâle et femelle — et que plus un homme est masculin, plus il attirera les femmes de polarité féminine. Renforcez donc votre polarité masculine pour attirer ces femmes féminines qui vous rendent fou.

2. DÉCODER LES FEMMES

Tout ce qu'on vous a appris dans les films, les séries, les chansons et les émissions de masse est faux.

Lorsque vous demandez à une femme ce que vous devez faire pour la séduire, la réponse qu'elle vous donnera ne fonctionnera pas. Ce que les femmes disent est une chose, ce qu'elles font en est une autre. Et ceci, qui peut sembler contre-intuitif, est vrai.

Dans les films, nous voyons que les hommes mettent les femmes sur un piédestal, qu'ils leur accordent toute leur attention, qu'ils vivent pour elles, qu'ils n'ont pas un état d'esprit fort et une personnalité déterminée avec des buts et des objectifs clairs. Or, c'est le contraire qui est vrai : plus vous lui accordez d'attention, plus vous tuez l'attraction ; plus vous l'élevez et l'idéalisez, plus vous la faites se détourner de vous ; plus vous lui offrez de cadeaux sans qu'elle les mérite, plus vous la faites vous rejeter. En offrant des fleurs, des parfums, des voyages et des dîners coûteux à des femmes que vous connaissez à peine, vous démontrez votre désespoir, votre manque d'étalonnage social et votre ignorance du fonctionnement du jeu de la séduction.

Ce qu'une femme désire, recherche et poursuit, en réalité, c'est un homme qui n'a pas besoin d'elle, pas un homme qui dépend d'elle.

Tout d'abord, vous devez comprendre que, dans un certain sens, les femmes voient la réalité d'une manière différente de vous en tant qu'homme, parce que leur psychologie sexuelle et affective est différente. C'est pourquoi tout manuel, tout livre ou toute vidéo qui prétend à une séduction unisexe sera dans l'erreur : les dynamiques sociales de l'homme et de la femme, la mentalité des deux, que nous avons par défaut, est différente.

L'homme est biologiquement programmé pour avoir autant d'amantes que possible afin d'étendre ses gènes. Ce que les hommes recherchent, c'est avant tout la beauté, la jeunesse, l'attrait physique et sexuel ; ils sont à la recherche d'une bonne reproductrice pour leurs enfants. Les hommes sont naturellement attirés par les femmes jeunes et belles. Les femmes, quant à elles, se comportent différemment parce que leur fonction biologique est différente : perpétuer l'espèce et rechercher un homme capable de les protéger, elles et leurs enfants. Par conséquent, les qualités fondamentales que les femmes recherchent seront différentes. Il est difficile pour une femme de 40 ans d'être attirée par un garçon de 18 ans, mais il est très probable qu'un homme de 40 ans soit attiré par une belle fille de 18 ans.

Ce qu'une femme recherche, c'est un homme fort et psychologiquement indépendant, capable de subvenir à ses besoins et de la protéger. Par conséquent, un homme mûr, même plus âgé qu'elle, peut remplir cette fonction biologique plus efficacement qu'un jeune homme à peine lucide, sans argent, sans maison et qui ne sait pas ce qu'il veut dans la vie.

Vous devez comprendre que les femmes disent une chose et en font une autre. La femme vous dit qu'elle déteste cet homme un peu prétentieux et machiste, mais la réalité est que toutes finissent par être attirées par lui et que le gentil garçon qui fait ce qu'il voit dans les films romantiques est rejeté par la plupart des femmes. Les femmes veulent un homme fort, qui leur apporte de l'aide et qui leur parle franchement. Un homme peu sûr de lui et faible est naturellement rejeté par la plupart des femmes.

Par conséquent, vous devez tout d'abord avoir une mentalité alpha, comme je l'ai expliqué dans le chapitre précédent. Si vous l'avez, vous serez déjà au-dessus de 99 % des hommes. Tout commence avec vous. La réalité est une construction de votre esprit, et si vous avez le bon état d'esprit, vous attirerez naturellement les femmes.

Si, en plus d'avoir cette mentalité alpha, vous prenez soin de vous, soignez votre physique, votre image, faites du sport, mangez bien, avez un calibrage social, un sens de l'humour et une tenue vestimentaire appropriée, vous pouvez devenir un homme séduisant. Un homme laid, mais qui sait se mettre en valeur, porte un bon costume, est mince, fait du sport, mange bien, porte de bons accessoires et une bonne eau de Cologne, qui possède en plus un statut social élevé et capable de subvenir à ses besoins, est un homme qui sans aucun doute ne manquera pas de femmes, parce qu'il aura toutes les qualités qu'elles désirent. Qu'il soit laid ou beau est d'une importance secondaire, car la beauté physique et la jeunesse sont des attributs moins recherchés par les femmes.

Une femme peut vous dire : « Je te déteste, je ne veux plus jamais te revoir », mais si elle est toujours là et ne part pas, c'est qu'elle vous dit quelque chose d'autre : « Je veux ton attention » ou « Je veux que tu me fasses vivre de meilleures expériences ou que tu m'emmènes en voyage », etc.

Les hommes et les femmes communiquent de manière différente. Les hommes disent les choses de manière directe. Ainsi, si un homme ne veut pas être avec une femme, il lui dira qu'il ne veut pas être avec elle, et le sens sera littéral. L'homme interprète les mots littéralement. Lorsqu'il dit à sa partenaire : « Je ne veux plus te voir », cela signifie « Je ne veux plus te voir » ; lorsqu'une femme dit à son partenaire : « Je ne veux plus te voir », cela peut en fait signifier : « Je veux être avec toi, mais je veux aussi que tu fasses plus attention à moi, que tu m'accordes plus d'attention, que tu me fasses plus de cadeaux, que tu améliores ton apparence », et ainsi de suite.

En d'autres termes, vous, en tant que mâle alpha, devez savoir comment interpréter la femme. Le mâle bêta ne comprend pas cette partie du jeu, il interprète tout ce que dit la femme de façon littérale. L'homme alpha, quant à lui, sait qu'il doit décoder et interpréter ce qu'elle dit. La femme qui dit qu'elle vous déteste peut, dans cinq minutes, pleurer dans vos bras en disant qu'elle vous aime. Vous devez être capable d'interpréter ce qu'elle dit.

Les femmes ne s'expriment pas directement, mais indirectement par leurs actions. Si une fille vous dit qu'elle vous déteste mais qu'elle ne part pas, elle ne vous déteste pas vraiment, car si elle voulait ou ne voulait pas être avec vous, elle partirait. La signification de « Je te déteste » est différente, elle signifie : « Je veux ton attention » ou « Je veux être avec toi ».

Si vous êtes direct avec la femme et que vous êtes capable de créer l'état d'esprit que vous allez être ensemble, en raison de la contagion émotionnelle, vous serez capable de l'attraper dans votre état d'esprit et donc une relation se créera plus facilement entre vous deux. Ce que vous devez faire, c'est être indépendant et comprendre le jeu. Lorsque vous rencontrez une fille, elle vous met à l'épreuve. Une femme est programmée par sa biologie pour tester inconsciemment un homme. Elle vous testera pour voir si vous êtes un partenaire potentiel et vous fera passer par ce que l'on appelle les « *cerceaux psychologiques* », ce que les femmes font constamment sans s'en rendre compte.

Par exemple, il se peut que vous alliez en boîte de nuit avec votre partenaire potentielle et qu'elle se montre désagréable ou provoque un autre homme pour voir comment vous réagissez, pour tester la solidité de votre cadre mental, pour voir si vous la protégerez ou non, pour voir si vous vous comportez comme un mâle alpha ou non. En réalité, elle vous fait passer un test psychologique. Il peut arriver que vous envoyiez un message WhatsApp à la fille qui vous plaît, qu'elle voie le message et ne réponde pas. Pourquoi ne répond-elle pas ? Pourquoi ne veut-elle pas vous parler ? Non, elle ne répond pas parce qu'elle teste votre réaction.

Une femme prend beaucoup de risques dans une relation affective et sexuelle. Elle risque de tomber enceinte (même s'il existe des méthodes contraceptives, ses gènes et son inconscient ne le savent pas), d'être blessée, de perdre l'amour de sa vie parce qu'elle est avec vous alors qu'elle pourrait être avec un autre homme. Elle risque plus que vous et doit donc s'assurer que l'investissement émotionnel et temporel qu'elle fait en vaut la peine.

Que faire lorsque vous envoyez un message à une femme, qu'elle le voit et qu'elle ne vous répond pas ? Eh bien, que ferait l'homme bêta ? Que ferait l'homme des films romantiques ? Il s'inquiéterait et lui écrirait un message du genre : « Qu'est-ce qui ne va pas chez toi, pourquoi tu ne m'envoies pas de SMS, es-tu en colère ? » Il chercherait immédiatement son approbation, comme un bon petit chien qui attend que son maître lui caresse les oreilles ; en d'autres termes, il attendrait de voir ce qui va se passer.

L'homme alpha comprend que cela fait partie du jeu et qu'elle joue. Que fait l'homme alpha lorsqu'une femme ne répond pas à un message ? Il n'insiste pas, il passe à autre chose et continue à vivre parce qu'il a une vie passionnante qui a de la valeur en elle-même. C'est un homme qui a des options. Elle ne vous répond pas parce qu'elle veut voir ce que vous faites. L'homme bêta panique et lui envoie un texto, tandis que l'homme alpha attend. Et si elle ne vous répond jamais ? Cela signifie qu'elle n'était pas intéressée. Vous n'avez donc aucune raison de vous inquiéter. Vous rencontrez d'autres personnes. Ce n'est pas LA FEMME, c'est juste une autre femme que vous apprenez à connaître, alors vous n'avez pas à vous inquiéter le moins du monde si elle ne vous répond pas. Peut-être a-t-elle rencontré un autre homme, n'a-t-elle pas le temps ou ne vous aime-t-elle pas, peu importe. L'homme alpha le comprend, l'accepte et passe à autre chose. L'homme bêta l'appelle et, s'il voit qu'elle ne fait pas attention à lui, il se met en colère, éprouve du ressentiment et peut même réagir violemment, l'insulter ou lui dire des mots méchants. L'homme alpha ne fait rien de tout cela, car il comprend que c'est le jeu.

Par conséquent, lorsque vous entamez une relation avec une femme qui vous plaît, il est important de garder vos distances, de maintenir le mystère, votre propre indépendance et, surtout, et ceci est fondamental, vous ne devez pas montrer de besoin. Plus vous avez besoin d'une femme, plus vous l'éloignez de vous. En revanche, si elle perçoit que vous n'avez pas besoin d'elle, d'abord parce que vous êtes indépendant, ensuite parce que vous avez beaucoup plus d'options, elle sera attirée par vous.

L'alpha est un homme qui a été validé par d'autres femmes, qui a eu des relations avec d'autres personnes et, par conséquent, la femme sait que, si elle rate l'occasion, elle risque de perdre un homme de la plus haute valeur, quelque chose qui est rare sur le marché de l'amour. Chaque jour, il y a de moins en moins d'hommes alpha, chaque jour, les hommes sont de moins en moins attirants pour les femmes parce que nous vivons dans une société qui se consacre à la destruction de la masculinité, ce qui fait que beaucoup de femmes se sentent frustrées parce qu'elles ne trouvent pas d'homme attirant. Ce qu'elles trouvent, ce sont des hommes-femmes, des hommes-enfants, des hommes immatures incapables d'avoir une relation sérieuse et stable, des hommes qui ne comprennent pas le jeu et n'ont pas les compétences ou le calibrage social pour pouvoir les séduire.

Le mâle alpha s'approche et s'éloigne, il a l'initiative et le contrôle de l'interaction à tout moment. Ce n'est pas elle qui a le contrôle, c'est lui qui a le contrôle parce qu'il sait qu'il est un homme de valeur et qu'il ne se met donc pas en colère, qu'il comprend comment fonctionne le jeu, qu'il a un calibrage social. La femme remarque tout cela immédiatement, même inconsciemment, et cela déclenche l'attirance.

L'homme bêta parle mal de son ex, alors que l'homme alpha n'en parle pas ou dit des choses positives quand il le fait, parce qu'il n'est pas quelqu'un qui est frustré par les femmes, mais quelqu'un qui les comprend et les accepte telles qu'elles sont parce qu'il s'accepte aussi, se connaît, connaît naturellement ou a appris les principes que j'explique dans ce livre, et cela fait de lui un expert dans le jeu de la séduction.

3. NE PAS MONTRER DE BESOINS

Il existe un principe de base qui peut s'appliquer non seulement à la séduction, mais aussi à toute relation personnelle et au *marketing* : l'idée que le besoin rend moins attirant. En d'autres termes, moins on a besoin d'une femme, plus il est facile de la conquérir. Inversement, plus vous avez besoin d'une femme, plus il est facile pour elle de vous quitter. Si vous montrez des besoins, vous ne susciterez que de la répulsion. Vous ne pouvez pas attendre d'une personne qu'elle soit avec vous par pitié parce que vous avez besoin d'elle.

Les gens veulent être avec ceux qui sont forts, autonomes et gagnants. Vous ne pouvez pas supplier vos clients d'acheter vos produits ou services, vous devez les convaincre d'acheter chez vous. Et il est plus facile d'y parvenir si l'on n'en a pas besoin. Il est plus facile pour les banques, par exemple, de vous prêter de l'argent si vous n'en avez pas besoin que si vous en avez désespérément besoin. Il en va de même pour les femmes.

Si vous êtes un homme qui a eu peu de relations et peu d'expérience avec les filles, vous êtes un homme qui n'a pas été présélectionné. Par ailleurs, plus vous avez eu de relations dans le passé, plus il sera facile pour une femme de vous sélectionner dans le présent, car cela indique que vous avez été validé par de nombreuses femmes, et plus elles ont été belles et précieuses, plus votre valeur en tant qu'homme augmentera. Ainsi, si vous êtes sorti avec plusieurs mannequins beaux et célèbres, votre valeur en tant qu'homme augmentera aux yeux des autres femmes. Si vous avez été avec beaucoup de femmes de grande valeur, cela fait de vous un homme de grande valeur aux yeux des autres femmes parce qu'elles vous ont présélectionné. Ce qu'il faut donc éviter, car c'est votre mort en tant que séducteur, c'est de faire preuve d'indigence. Cela signifie que vous ne devez pas vous préoccuper du fait qu'une fille ne vous envoie pas de coup de fil ou de texto, car vous vivez dans l'abondance et vous n'avez pas besoin d'elle.

Vous devez être capable d'être bien avec vous-même, sans avoir besoin de personne d'autre. Vous devez être une personne à part entière, non dépendante, forte et autonome. Et moins vous aurez besoin des autres, plus il sera facile de les avoir à vos côtés. Parfois, la meilleure façon de donner envie à une fille d'être avec vous est de rester loin d'elle, de ne pas vous approcher d'elle, car vous lui montrerez qu'elle n'a pas besoin de vous.

Si vous envoyez un WhatsApp à une fille et qu'elle ne vous répond pas, comportez-vous comme si dix autres femmes attendaient que vous leur écriviez. Le conseil suivant est simple, mais puissant. Chaque fois que vous devez interagir avec une femme, demandez-vous : « Si j'avais dix belles filles qui voulaient être avec moi, comment me comporterais-je avec cette fille ? » Si vous avez dix belles filles qui vous ont envoyé dix textos et qui veulent vous rencontrer, et que vous envoyez un texto à l'une d'entre elles et qu'elle ne vous répond pas, cela vous dérangerait-il qu'elle ne vous réponde pas ? Non, vous l'oublieriez parce que vous avez des options, vous avez beaucoup d'autres possibilités. Pensez au comportement d'un homme qui vit dans l'abondance. Pensez-vous qu'un homme qui a dix messages WhatsApp de dix belles femmes qui veulent faire l'amour avec lui et devenir sa petite amie offrirait des fleurs à une fille qu'il vient de rencontrer, ou l'inviterait à dîner dans un restaurant coûteux, ou commencerait à pleurer si la fille le quitte, ou s'énerverait si elle lui dit qu'elle ne veut pas être avec lui ? Pensez-vous qu'il s'en préoccuperait ? Il s'en ficherait, ça lui serait égal.

Les femmes vous testeront parce que c'est dans leur nature, ne leur en voulez pas. C'est comme ça, c'est le jeu. Lorsqu'elles vous testent, ce que vous devez prouver, c'est que vous n'avez pas besoin d'elles, même si vous avez besoin d'elles. Les femmes sont déjà fatiguées par le fardeau de la vie : elles doivent travailler, étudier et, en plus, être belles. La vie est un fardeau aussi lourd pour elle que pour vous. Par conséquent, la dernière chose qu'elle souhaite, c'est un partenaire qui soit un poids mort. Ce qu'elle veut, c'est un partenaire qui la soulage de ses problèmes. C'est pourquoi elle aime un homme qui se suffit à lui-même, qui peut subvenir à ses besoins, qui a son propre argent — s'il est riche, tant mieux — et qui est un bon père, une bonne personne, aimante et fiable.

Si vous envoyez un WhatsApp à une fille et qu'elle ne vous répond pas, puis que vous l'appelez en colère en lui disant : « Pourquoi tu ne me réponds pas », vous devenez un fardeau pour cette personne. Vous ne l'aiderez pas, mais vous serez un emmerdeur dont elle voudra bientôt se débarrasser. Le problème, c'est qu'en tant que mâle bêta, vous vous sentez frustré, vous vivez dans la pénurie, et donc lorsqu'une fille inconnue — qui ne représente rien pour vous et que vous ne représentez rien pour elle — ne répond pas à un message WhatsApp dans les cinq minutes, c'est un traumatisme pour vous. Si vous avez des relations sexuelles avec une fille et qu'elle ne veut plus vous revoir, vous avez l'impression de ne rien valoir, alors qu'en réalité, cela ne veut rien dire. Cela peut signifier beaucoup de choses, ou pas.

Revenons au point précédent : si vous aviez dix belles femmes qui voulaient vous faire l'amour et que l'une d'entre elles, après l'avoir fait, ne voulait plus vous revoir, est-ce que cela vous intéresserait ? Non. C'est l'état d'esprit qu'il faut avoir. Comment un homme de grande valeur se comporterait-il dans cette situation ? Avant de faire quoi que ce soit, posez-vous cette question : que feriez-vous si dix belles femmes vous attendaient pour faire l'amour avec vous ? Comment vous comporteriez-vous avec la fille qui vous plaît ? C'est le bon état d'esprit.

Ne montrez pas votre manque et votre besoin. Si en ce moment même vous commencez sur le chemin de la séduction et que vous avez des manques dans votre vie, pensez qu'ils sont en réalité mentaux. Le manque est dans votre état d'esprit erroné. Vous devez avoir un cadre mental d'abondance, de valeur. Il ne sert à rien de penser que vous êtes un homme de grande valeur alors que vous êtes gros, que vous ne faites pas de sport, que vous êtes une mauvaise personne, que vous n'êtes ni intelligent ni drôle, que vous avez 40 ans et que vous vivez chez vos parents. Vous n'avez rien à offrir à une fille. En réalité, vous pouvez avoir un état d'esprit de mâle alpha, mais si vous vivez dans cette situation, vous êtes un mâle bêta.

Ce que vous devez faire, c'est changer de vie. Changez votre vie pour devenir un homme de grande valeur, changez votre vie et votre esprit. Changez les deux en même temps. Si vous pensez comme un homme alpha, vous devez vous comporter comme tel, non seulement dans vos interactions avec une femme, mais dans toutes vos relations, dans votre façon de manger, dans votre façon de faire du sport, dans votre façon d'aborder votre vie, en ayant des objectifs et un but, en apprenant, en ayant une entreprise et une passion. Si vous n'avez rien de tout cela, si vous restez assis sur un canapé toute la journée à regarder la télévision, à grossir et à manger de la malbouffe, la lecture de ce livre ne vous apportera rien de bon.

Il ne s'agit pas d'un livre à lire pour se sentir mieux. C'est un livre qui vous invite à l'action. Travaillez à devenir un homme de plus grande valeur. Travaillez sur votre esprit, votre corps, votre image de soi et votre intelligence ; travaillez sur tout, grandissez en tant que personne. Le chemin du séducteur est un chemin de développement personnel.

Cette femme que vous aimez peut en fait être votre meilleur professeur, parce qu'elle peut être le stimulus dont vous avez besoin pour améliorer votre vie, pour passer au niveau supérieur, pour devenir un meilleur être humain, pour vous sentir mieux dans votre peau, pour avoir des buts, des finalités et des objectifs valables qui vous permettent de vous sentir bien, d'améliorer votre estime de soi et d'être une personne beaucoup plus utile à la société. C'est donc la voie que vous devez suivre. Ce n'est pas un chemin de pénurie, ce n'est pas un chemin de jalousie parce qu'une fille ne veut pas être avec vous. Si une fille ne veut pas être avec vous, c'est sa perte. Ce n'est pas grave, ça n'a pas d'importance. Il y a beaucoup d'autres femmes de valeur qui pourraient être à vos côtés. Ne poursuivez pas cette interaction si elle est morte. Passez à la suivante. C'est ainsi que se comporterait un mâle alpha et c'est ainsi que vous devez vous comporter.

4. OÙ RENCONTRER DES FEMMES

Où rencontrer des femmes ? Aujourd'hui, il existe deux façons de procéder : la méthode traditionnelle et sur Internet. Commençons par nous concentrer sur la première méthode, la méthode classique. Nous pouvons rencontrer des femmes intéressantes dans notre environnement : groupes d'amis, amis d'amis, études, travail... autant d'endroits où l'on peut rencontrer d'autres personnes.

Je ne vous recommande pas d'avoir ou d'essayer d'avoir des relations avec des femmes au travail, car cela peut créer des situations inconfortables si elles ne fonctionnent pas. Par conséquent, je séparerais le travail de tous les autres domaines de la vie. Il existe de nombreux endroits où vous pouvez rencontrer des femmes et vous n'avez pas besoin de mettre vos collègues mal à l'aise, c'est pourquoi je vous recommande de ne pas essayer de les séduire. Mais il est également vrai que, sur le lieu de travail, il y a eu de grandes histoires d'amour, de personnes qui se sont mariées, ont eu des enfants et ont été heureuses. Je ne veux donc pas vous écarter de cette possibilité. Si vous rencontrez une fille qui vous intéresse vraiment — pas seulement pour une relation passagère — et que vous pensez qu'elle a des qualités exceptionnelles, cela peut valoir la peine de prendre le risque d'essayer de draguer une collègue, mais en général, ce n'est pas une bonne idée.

En dehors de cela, je dirais que vous pouvez rencontrer des femmes intéressantes n'importe où : en discothèque, dans un bar, dans un *pub*, dans un club de randonnée, dans un groupe de lecture, dans un cours de danse, en pratiquant un sport, dans un parc, etc. L'important est de ne pas avoir peur d'initier des interactions. Je sais que cela peut être difficile si vous êtes une personne timide, mais vous avez la possibilité d'utiliser de nombreuses techniques pour essayer de briser cette timidité. La première peut consister à parler à des inconnus, qui ne doivent pas nécessairement être de belles femmes que vous voulez séduire. Il peut s'agir d'un homme plus âgé dans une banque, d'une dame qui fait ses courses, d'une fille que vous n'aimez pas ou d'un homme de votre âge. Vous pouvez lui demander quelque chose et entamer une conversation décontractée. Cette démarche, qui peut sembler stupide, vous prépare à surmonter votre timidité initiale et à apprendre à interagir avec des inconnus n'importe où.

Je dois avouer que j'ai séduit des femmes de grande valeur dans la rue. Vous voyez une fille qui vous intéresse, elle vous plaît et vous pouvez vous arrêter, lui parler, si elle le souhaite, et faire quelque chose d'aussi simple que de l'inviter à prendre un café pendant 15 minutes. Le fait qu'il s'agisse de 15 minutes est important parce que cela limite le temps et fait en sorte qu'il est plus facile pour elle d'accepter votre demande. Je ne parle pas de harcèlement de rue, d'embêter des femmes dans la rue ou de quoi que ce soit de ce genre, mais il peut arriver que vous commenciez à parler à une inconnue n'importe où ou que vous lui posiez une question et, après avoir vu sa réaction, vous devriez avoir un calibrage social suffisant pour savoir si la fille souhaite vous parler.

En fin de compte, si vous êtes un homme intéressant, que vous vous habillez bien, que vous vous soignez, que vous avez une bonne conversation et que vous êtes gentil et amical, vous aurez beaucoup plus de chances de rencontrer une personne. Par conséquent, je pense que si vous faites le bon travail mental et physique, que vous êtes ouvert aux rencontres et que vous êtes un homme de valeur, il vous sera plus facile de séduire une femme où que vous soyez.

Certains endroits sont plus favorables que d'autres. Je n'aime pas beaucoup les boîtes de nuit, car le jeu y est basé sur le physique, on peut à peine parler, et c'est un type de jeu qui convient aux hommes grands, musclés, avec une grande apparence physique. Mais si vous êtes une personne qui aime entamer une conversation, parler, découvrir comment est la fille et apprendre à la connaître, il vous sera difficile de le faire dans un environnement où la musique est forte, où les gens boivent et se droguent, et où vous ne pouvez pratiquement pas parler. Bien que ce soit un environnement que je n'aime pas, je comprends qu'il y ait des hommes qui sachent danser et qui bougent avec aisance dans les boîtes de nuit. Si vous partez avec un groupe d'amis séduisants qui ont une grande valeur et que cela se voit dans la salle, cela peut être un endroit intéressant pour rencontrer des filles. C'est là que vous établissez le premier contact, puis vous interagissez à l'extérieur, vous vous rencontrez un autre jour, et l'objectif final doit être d'obtenir un numéro, de s'envoyer un message, puis de la rencontrer et d'apprendre à mieux la connaître. Cela dépend également de ce que vous recherchez : si vous voulez une relation ou un coup d'un soir sporadique.

Une autre façon de rencontrer des filles — qui est pour moi la meilleure — est Internet. Il présente un grand avantage : il vous permet de voir le profil de la fille et, s'il s'agit d'un site de rencontre où il y a des informations sur elle, vous verrez comment elle s'exprime, son travail, son niveau d'études et ses habitudes, et de cette façon vous ferez une présélection efficace.

Par exemple, comme je n'aime pas les femmes qui fument, une femme qui fume perd beaucoup de valeur à mes yeux. Si dans un profil d'un réseau social de drague, comme Meetic, eDarling ou autre, je vois que la personne est fumeuse, je comprends que je ne suis plus intéressé par une relation. Je n'aime pas les femmes qui fument, pas même pour une relation occasionnelle, car l'odeur ou le goût, en tant que non-fumeur, est quelque chose que je trouve assez désagréable. Peut-être que cela ne vous dérange pas et que c'est un détail qui vous importe peu, mais peut-être préférez-vous sortir avec une femme qui s'intéresse au sport, qui aime lire ou qui a des habitudes similaires aux vôtres. Dans un profil en ligne où il y a des informations sur la personne, il est facile de les filtrer.

Le jeu en ligne est en fait le même que le jeu hors ligne, c'est-à-dire que vous devez avoir de bonnes photos professionnelles. Ne prenez pas de selfie torse nu dans la salle de bain, c'est tout simplement hideux. Allez voir un photographe professionnel, habillez-vous et affichez des photos de voyages passionnants dans des endroits exotiques, de plongée sous-marine, d'alpinisme ou de randonnée ; des photos qui, plutôt que de mettre en avant votre beauté en tant qu'homme, soulignent et montrent que vous avez un style de vie passionnant qui intéresserait n'importe quelle femme. Mettez en avant vos *loisirs* et vos habitudes.

La description de votre profil à la fin de celui-ci doit indiquer que vous êtes un mâle alpha. Ainsi, lorsque vous rédigez votre profil sur un réseau social de rencontres, sur une application comme eDarling, vous devriez essayer de vous assurer que ce que vous mettez est un style de vie de mâle alpha et qu'il reflète vos valeurs alpha. De cette manière, vous attirerez davantage l'attention. Avec de bonnes photos, une bonne description et une bonne conversation, il sera facile d'entrer en contact avec une fille. Les réseaux sociaux vous aideront à établir un premier contact : vous pouvez échanger des messages WhatsApp pour voir si la fille vous intéresse, puis aller à un premier rendez-vous pour initier un autre type d'interaction.

Grâce à Internet, il est devenu beaucoup plus facile de rencontrer des filles, car le nombre de filles que vous pouvez rencontrer est presque infini. Si vous vivez dans une grande ville, vous pouvez rencontrer de nombreuses personnes sur Internet. Si vous êtes même prêt à voyager ou à vous déplacer, les possibilités s'étendent considérablement. Cela peut être un excellent moyen de rencontrer des femmes.

Je n'aime pas vraiment Tinder parce qu'il n'y a pratiquement aucune information sur la personne. Je préfère chercher sur des sites payants, c'est-à-dire que l'homme et la femme doivent payer pour être sur le site. Je pense que cela permet d'obtenir une sélection intéressante, et je peux vous assurer que cela vaut la peine de payer pour être sur l'un de ces sites.

Explorez donc ces deux options. Si vous procédez de cette manière, si vous êtes un homme de grande valeur, vous verrez que les possibilités de rencontrer des filles sont énormes et à la fin vous devrez choisir parce que, si vous êtes un mâle alpha, vous aurez beaucoup d'options pour rencontrer des femmes de très grande valeur.

5. PREMIER RENDEZ-VOUS

Dans ce chapitre, je voudrais vous parler du premier rendez-vous. Dans les films romantiques qui reflètent les programmes de masse, on voit tout ce qu'il ne faut pas faire lors d'un premier rendez-vous. Que fait l'homme bêta lors d'un premier rendez-vous ? Il est nerveux, il n'est pas sûr de lui, il apporte un bouquet de fleurs, il lui offre un cadeau et il l'emmène dans un restaurant coûteux. Faire tout cela lors d'un premier rendez-vous n'a aucun sens. Vous ne connaissez pas la fille et, par conséquent, vous n'êtes pas obligé d'investir trop de temps et de ressources pour elle. Par conséquent, aller à un premier rendez-vous avec un bouquet de fleurs et l'emmener à un dîner coûteux est une erreur totale. C'est ce que l'on voit dans les films romantiques, et c'est ce qu'il ne faut pas faire.

Le premier rendez-vous est une première rencontre qui doit être brève. N'y consacrez pas trop de temps et de ressources. L'idéal est de se rencontrer autour d'un café, d'une glace ou d'une promenade dans un parc ou sur la plage. Ce qu'il faut faire, c'est évaluer le niveau de polarité. Vous avez peut-être trouvé une fille intéressante en ligne ou sur What-sApp, mais vous ne saurez rien d'elle tant que vous ne l'aurez pas rencontrée en personne. Une fois que vous l'aurez rencontrée, vous pourrez mieux voir ce qui vous intéresse. Vous disposerez de toute la communication non verbale et vous serez en mesure d'évaluer les polarités. La première chose que vous devriez voir lors de ce rendez-vous est si vos polarités sont compatibles ou non. Vous vous en rendrez compte immédiatement. Ensuite, vous devez voir si vos points de vue sur la réalité et vos modes de vie sont également compatibles. Ainsi, si vous aimez aller à la campagne, à la plage, dans les musées ou dans les châteaux tous les week-ends, mais qu'elle aime aller en discothèque jusqu'à cinq heures du matin, il se peut que vos modes de vie soient incompatibles et qu'une relation de ce type ne soit pas possible. De même, si elle a des convictions religieuses ou politiques opposées aux vôtres, il sera difficile de faire fonctionner la relation.

En résumé, vous devez évaluer ces choses lors du premier rendez-vous : premièrement, la polarité des énergies compatibles ; deuxièmement, les modes de vie ; troisièmement, la vision de la réalité. Si ces trois étapes sont suivies, vous devez vous demander si cette fille vous attire ou non, ou si c'est quelqu'un avec qui vous pourriez avoir une relation occasionnelle ou à long terme, bien que vous ne le sachiez pas avant de mieux la connaître.

Les hommes bêta lisent des livres de séduction et apprennent des routines pour ces premiers rendez-vous. Ils apprennent des phrases d'accroche ou des histoires. Si vous êtes un homme inexpérimenté et que vous ne savez pas comment traiter une fille, vous pouvez probablement utiliser ces routines. C'est un moyen de briser la glace et d'éviter de graves erreurs. Par exemple, vous ne pouvez pas aller à un premier rendez-vous et parler de vos problèmes émotionnels ou de votre ex. Si vous le faites, vous commettez une erreur. En revanche, ce que vous devez faire lors de ce premier rendez-vous, c'est écarter rapidement la fille si elle ne vous intéresse pas et ne pas passer trop de temps avec elle. Il ne sert à rien de lui offrir un bouquet de fleurs et de l'emmener dans un restaurant coûteux pour se rendre compte dix minutes plus tard qu'elle ne vous intéresse pas du tout. C'est pourquoi je vous recommande d'aller prendre un café dans un lieu public ouvert lors de ce premier rendez-vous et de faire en sorte qu'il soit court. De cette façon, si vous voyez que le rendez-vous se passe bien, vous pourrez peut-être le prolonger et passer plus de temps avec elle. Il peut également arriver que vous preniez d'abord un café et que, si vous vous sentez à l'aise avec la personne et que vous comprenez qu'elle vous intéresse, vous puissiez prolonger la rencontre et l'inviter à dîner, par exemple.

Je ne lui apporterais pas de cadeau parce qu'elle ne le mérite pas. Les cadeaux doivent être gardés pour un moment futur, lorsqu'une connexion émotionnelle authentique s'est établie entre vous deux. L'homme bêta utilise les cadeaux comme une forme de corruption et de manipulation de la femme. L'homme alpha n'agit pas de la sorte, il offre un cadeau parce qu'il en a envie et non pour obtenir quelque chose. Il s'agit d'une marque d'affection que vous pourriez également offrir à un ami, et pas seulement à une femme qui vous intéresse.

Lors de ce premier rendez-vous, il est important que vous puissiez susciter des émotions positives chez elle. Elle peut être blessée par un ex qui lui a fait du mal ou parce qu'elle a été seule pendant longtemps et qu'elle se méfie des hommes, de sorte qu'elle peut commencer le rendez-vous par un discours négatif, par exemple en parlant mal d'un ex-partenaire. Votre rôle dans ce cas, en tant que mâle alpha, sera de transformer cette énergie négative en énergie positive et de l'empêcher de continuer à parler d'un sujet négatif.

Les sujets que je vous recommande d'aborder lors de ce premier rendez-vous sont tout d'abord des questions de connaissance : « Quel est ton nom ? », « Quel est ton métier ? » ou « Qu'aimes-tu ? ». Ce genre de questions ouvertes est une bonne chose, car c'est ainsi que l'on apprend à se connaître. Mais je vous recommande ensuite de créer une atmosphère positive en parlant de sujets qui intéressent presque tout le monde et suscitent des émotions agréables. Par exemple, parlez de voyages : « Quel est le meilleur voyage que tu as fait dans ta vie ? » ou « Quel voyage aimerais-tu faire ? » De cette manière, elle aura la possibilité de se remémorer un beau voyage du passé et cela génèrera un état positif chez elle.

En fin de compte, ce qu'elle jugera à la fin du rendez-vous, c'est ce qu'elle a ressenti pour vous. Le mâle bêta vous parlera de ses traumatismes d'enfance, de la façon dont il a été maltraité par les enfants à l'école, du fait que personne ne l'aime, qu'ils ne le comprennent pas, ou de la façon dont son ex l'a blessé et l'a trompé. Le mâle alpha ne parle pas de ses blessures, il ne crache pas toutes ses émotions à une personne qu'il ne connaît même pas. Ce qu'il essaie de faire, c'est d'apprendre à connaître cette personne et de poursuivre la conversation avec une énergie positive.

Lorsque vous demandez à une femme : « Quel voyage aimerais-tu faire ? », vous la projetez dans un avenir qu'elle aimerait vivre. Et si vous en parlez ensemble, c'est vraiment comme si vous faisiez tous les deux des projets. Cela permet de générer une certaine complicité. Ensuite, il est important d'essayer de toucher la femme avec respect, mais je ne parle pas d'un point de vue sexuel, mais comme on toucherait un ami. N'ayez pas peur de lui tenir la main ou d'avoir un contact physique. De cette façon, vous verrez ce que vous ressentez lorsque vous la touchez, et il y aura un échange d'énergie et une connexion émotionnelle entre vous deux.

La question de savoir s'il faut ou non embrasser la fille lors du premier rendez-vous est plus complexe, car un baiser implique déjà un élément sexuel. Le mâle alpha n'a aucun problème à montrer son côté sexuel à la femme qui lui plaît. Cependant, dans ce cas, c'est vous qui devez avoir un calibrage social. Certaines femmes peuvent considérer qu'un baiser lors du premier rendez-vous est une offense, voire une agression. Et il y a des femmes qui considèrent que c'est la chose la plus normale au monde. Là encore, la culture de la personne, son pays d'origine ou ses valeurs y sont pour beaucoup. C'est une chose que vous devrez évaluer lors du premier rendez-vous. Si un baiser vient naturellement et que vous vous sentez tous les deux à l'aise, il peut être un moyen de faire progresser votre relation. Mais il ne faut pas le forcer.

L'homme alpha n'a pas besoin de développer des routines apprises lors de son premier rendez-vous ou de réfléchir à ce qu'il va dire. En tant qu'alpha, en se montrant tel qu'il est, il génère déjà de l'attirance chez la femme. Il est important de souligner les idées de l'alpha : qu'il est émotionnellement indépendant, qu'il a des projets, qu'il sait ce qu'il veut, qu'il est un homme capable de subvenir à ses besoins et à ceux des personnes qu'il aime, qu'il a un cercle social actif, qu'il prend soin de lui, qu'il fait du sport et qu'il mange bien.

Ce sont tous des aspects que vous devez évaluer lors de ce premier rendez-vous. Cependant, vous n'avez pas envie d'être avec une fille qui se drogue, qui fume, qui ne fait pas de sport et qui mange mal. Si vous êtes une personne soucieuse de sa santé physique et mentale, une telle femme n'est peut-être pas vraiment faite pour vous. L'homme bêta n'évalue pas si une femme lui convient ou non, parce qu'il a tellement besoin d'affection et d'amour, qu'il vit dans la pénurie sexuelle et le manque d'opportunités qu'il est prêt à se mettre en couple avec n'importe qui. Il n'est donc pas sélectif car il n'a pas le choix.

Vous, en tant que mâle alpha — si vous ne l'êtes pas, vous devez travailler pour le devenir — vous êtes confiant, vous avez des options et vous n'avez donc pas besoin de vous entendre avec toutes les femmes. Il se peut que la femme se rende au rendez-vous avec l'idée qu'elle doit accepter ou rejeter le gars, mais vous devriez vous rendre au rendez-vous avec le même état d'esprit. Peut-être que la fille vous apprécie, mais que vous ne l'appréciez pas, il est donc préférable d'écourter le rendez-vous le plus rapidement possible.

Je dirais également qu'une fois le rendez-vous terminé, il n'est pas nécessaire de lui écrire le jour même, ni même le lendemain ; attendez deux ou trois jours, pour voir si vous êtes intéressé à la rencontrer. Quoi qu'il en soit, si vous voulez lui écrire le lendemain ou lui répondre parce qu'elle vous a écrit, c'est très bien, répondez-lui. Vous n'avez pas besoin d'être artificiellement intéressant.

En bref, le premier rendez-vous doit être décontracté, bref, un premier contact pour voir si cette personne vous intéresse ou non, pour voir quel type de polarité a cette femme, si vous la trouvez attirante ou non et pour évaluer ce que vous ressentez pour elle, s'il est possible pour vous d'être compatibles en tant que couple formel ou sexuel.

6. DEUXIÈME RENDEZ-VOUS

Si le deuxième rendez-vous a lieu, cela signifie qu'il y a un intérêt de votre part à tous les deux, c'est-à-dire que vous avez passé le premier filtre. Vous avez donc déjà beaucoup progressé. La plupart des premiers rendez-vous se soldent par un échec, il est donc normal que vous n'arriviez pas au deuxième rendez-vous dans de nombreux cas, et ce n'est pas grave. Cela arrive même aux hommes séduisants qui ont beaucoup d'options.

Il est logique que le deuxième rendez-vous soit plus long que le premier, puisqu'il s'agit d'un premier contact. Lors du deuxième rendez-vous, il est peut-être judicieux de faire quelque chose qui dure plus longtemps. Je ne parle pas d'une sortie au cinéma ou autre, mais d'un musée, d'un dîner ou d'une autre activité qui permet d'avoir plus de contacts et de passer plus de temps ensemble.

Ce rendez-vous est l'occasion d'approfondir sa personnalité et de voir si vous vous sentez à l'aise l'un avec l'autre.

Il peut arriver que le mâle bêta, dans ce cas, se sente intimidé et ne prenne pas l'initiative d'un quelconque contact sexuel. Le deuxième rendez-vous est peut-être déjà le bon moment pour l'embrasser pour la première fois ou la prendre dans vos bras et voir ce que vous ressentez l'un pour l'autre. Bien sûr, cela dépend de la fille : si le deuxième rendez-vous est le bon moment pour s'embrasser avec de nombreuses femmes, avec d'autres, vous devrez attendre un peu plus longtemps. Cela dépend de la culture, de l'âge, et de toute une série de circonstances personnelles propres à chaque cas.

Pendant ce rendez-vous, vous pourrez peut-être approfondir les relations antérieures, la famille, les amis, sa profession. Vous pouvez expliquer davantage vos projets, vos espoirs et vos valeurs. Si les choses se passent rapidement et qu'il y a forte alchimie, une rencontre sexuelle complète peut avoir lieu. Cela se produit parfois lors du premier rendez-vous, mais ce n'est pas le cas le plus fréquent.

Il n'y a pas d'idées préconçues à ce sujet. Le contact sexuel peut avoir lieu au premier rendez-vous, au deuxième, au troisième, au quatrième, au cinquième, ou peut-être même pas du tout. Vous devez être capable d'évaluer où vous en êtes dans l'interaction. Un homme alpha est expérimenté, il a déjà vécu ces situations et il est capable d'interpréter les signaux que vous envoie la femme ainsi que vos propres émotions. Par conséquent, il doit savoir à quel moment il faut intensifier les choses et à quel moment il ne le faut pas. L'homme bêta, qui est un manipulateur et cache ses véritables intentions, est terrifié à l'idée d'initier une escalade à caractère sexuel. Mais pas l'homme alpha. C'est une question qui se pose dans la relation. Si vous vous sentez bien ensemble, il est normal que vous ayez envie de vous toucher, de vous embrasser ou de faire l'amour.

C'est probablement aussi le moment où vous pouvez la complimenter. L'homme bêta balance ses phrases de drague et dit la même chose à toutes les filles parce qu'il ne croit pas en ce qu'il dit. Si vous voulez complimenter une fille, son maquillage, ses boucles d'oreilles, ses vêtements, la nourriture qu'elle vous a préparée ou l'endroit où elle vous a emmené, il faut que ce soit sincère. Il ne s'agit pas d'un compliment manipulateur, faux ou préconçu, comme celui que vous faites à toutes les filles.

Lors de ce deuxième rendez-vous, c'est idéalement vous, en tant que mâle alpha, qui devez proposer le lieu et l'activité à faire. Le premier rendez-vous peut être décontracté, mais il serait bon que vous sachiez où l'emmener pour aller dans un endroit intéressant et que vous aimez. Si vous devez aller dans un café, faites en sorte que cela soit agréable pour vous deux. Si vous laissez la fille choisir l'endroit du deuxième rendez-vous, vous lui enlevez la possibilité de s'enthousiasmer pour un endroit différent en la laissant prendre l'initiative, et vous perdez donc votre initiative en tant que mâle alpha.

La fille veut vivre les expériences que vous allez lui faire vivre ; elle veut vivre votre monde et voir comment vous êtes capable de la faire se sentir. C'est pourquoi vous devez choisir un endroit agréable, élégant et spécial qui lui permette de se sentir bien. Je ne recommande pas du tout de laisser la fille choisir l'endroit où vous irez pour le deuxième rendez-vous. Il se peut qu'elle vous fasse une proposition, qu'elle soit convaincue ou enthousiaste à l'idée d'aller quelque part ; si vous en avez envie, vous pouvez y aller, il n'y a pas de problème. Mais, en général, la meilleure chose à faire est d'être le bâtisseur d'expériences pour cette femme. Vous devez lui faire vivre des expériences excitantes et merveilleuses, en prenant l'initiative de l'interaction, parce que c'est ce que ferait un mâle alpha. Elle veut se préparer, se maquiller et que vous l'emmenez dans un bel endroit, que vous la traitiez bien et que vous la rendiez à l'aise avec votre présence et votre conversation. Si vous y parvenez, vous créerez une bonne connexion émotionnelle entre vous deux.

Plusieurs choses peuvent se produire lors du deuxième rendez-vous. Vous pouvez apprendre à mieux la connaître et vous rendre compte que vous ne souhaitez pas poursuivre l'interaction. Ce n'est pas grave : laissez-la partir. Soyez poli. Si vous pouvez l'éviter, ne faites pas durer l'interaction trop longtemps, laissez-la tranquille et c'est tout. Il se peut que vous ayez envie de continuer à connaître la personne, ce qui pourrait déboucher sur un autre rendez-vous. Il se peut que la fille ne veuille pas vous revoir. Ne vous mettez pas en colère, elle ne vous doit rien pour s'être retrouvé avec vous plusieurs fois. Si elle ne veut pas vous revoir une troisième fois, ce n'est pas grave. Laissez-la partir. En tant que mâle alpha, vous avez beaucoup d'options. Il y a des millions de femmes dans le monde qui seraient prêtes à sortir avec vous, vous n'avez donc pas besoin de vous accrocher à cette personne. Laissez-la partir sans rancune. Cela fait partie du jeu et vous devez le comprendre.

C'est peut-être au cours de ce deuxième rendez-vous que vous décidez d'apprendre à mieux la connaître. Il est alors temps d'approfondir sa personnalité, ce qu'elle aime et ce qu'elle n'aime pas, et de voir comment vous vous sentez tous les deux ensemble. Il est important que vous vous montriez de manière authentique tel que vous êtes, mais vous devez être alpha. Si votre façon d'être authentique est bêta, changez votre façon d'être.

Lors de ce deuxième rendez-vous, il peut se passer quelque chose dont j'ai déjà parlé : elle peut vous tester, elle peut commencer avec ses cerceaux psychologiques ou ses tests de congruence. Inconsciemment, elle peut se dire : « Tu as l'air alpha, je vais donc vérifier si c'est vrai ». Ensuite, il est probable que, sans en être pleinement consciente, elle veuille vous tester, elle vous posera une question ou un test — cerceau psychologique — qui jette un doute sur votre capacité à être alpha. Par exemple, il se peut que vous ayez déjà un deuxième rendez-vous, mais que deux heures avant, elle vous écrive pour vous dire qu'elle ne peut pas vous rencontrer. Dans ce cas, que ferait l'homme bêta face à une femme qui lui pose un lapin quelques heures avant un rendez-vous ? Il se mettrait en colère, l'appellerait, s'énerverait, protesterait, jouerait la victime ? Il lui montrerait ainsi qu'il n'est pas un mâle alpha, qu'elle ne l'intéresse pas et qu'il a eu raison de ne pas la rencontrer.

Vous, en tant que mâle alpha, si la fille vous dit qu'elle ne peut pas sortir, vous ne vous mettez pas en colère, vous dites : « D'accord, ça ne fait rien ». Vous avez d'autres possibilités : vous rencontrez d'autres filles, vous avez envie de rester seul à la maison, d'aller à la gym, de lire, de vous améliorer ou de travailler sur vos projets, votre entreprise ou autre. Ce n'est pas un problème si une personne ne veut pas vous rencontrer, car elle ne vous doit rien. Si elle n'a pas envie ce jour-là, si cela ne se passe pas bien ou si elle vous teste, ce n'est pas grave. Le mâle alpha comprend que si une femme le teste lors d'un second rendez-vous, cela doit être interprété comme un signe d'intérêt de sa part. Une femme ne fait pas ce genre de test psychologique avec un homme bêta, elle l'exclut et n'ira même pas à un rendez-vous avec lui. Si elle le faisait, il y aurait un premier rendez-vous et rien de plus. En revanche, si elle teste votre congruence en tant que mâle alpha, elle vous considère comme un partenaire potentiel.

Ce deuxième rendez-vous servira donc à voir tous ces signes : si elle vous teste, si elle ne vous teste pas, si vous êtes compatibles, s'il y a un contact physique ou une alchimie, et à approfondir votre relation. Ce n'est pas le moment de faire des cadeaux, ils doivent venir plus tard, lorsque la relation est plus consolidée et que plus de temps, plus d'énergie et beaucoup plus d'émotions ont été investis. À ce moment-là, il sera peut-être justifié d'offrir un cadeau. Mais le deuxième rendez-vous n'est pas le moment de lui offrir un bouquet de fleurs. Le moment viendra plus tard, lorsqu'elle l'aura mérité et qu'il y aura une connexion émotionnelle plus authentique entre vous.

Le fait qu'il y ait un deuxième rendez-vous avec une fille ne signifie pas que vous êtes en couple avec elle ou que vous ne pouvez pas rencontrer d'autres filles en même temps que vous en voyez une. Vous pouvez voir plusieurs personnes en même temps, et elle parle probablement à d'autres garçons, tout comme elle vous parle à vous. Elle a peut-être eu d'autres rendez-vous cette semaine-là et rencontre d'autres personnes. Ce n'est pas grave.

L'homme bêta devient jaloux s'il sait qu'elle parle à d'autres hommes ou qu'elle a rencontré d'autres hommes après l'avoir rencontré. La seule chose que la jalousie indique est l'insécurité. Ainsi, l'homme bêta croit qu'une fille qui l'a rencontré pour prendre un café pendant une demi-heure lui doit quelque chose et qu'elle doit lui être « fidèle », entre guillemets, et qu'elle ne peut pas voir d'autres hommes parce qu'elle le voit, alors qu'en réalité, cette fille n'est rien pour lui, et il n'est rien pour elle. Il est normal qu'elle voie d'autres hommes, vous n'avez pas à vous mettre en colère. Si vous le faites et que vous êtes jaloux, c'est que vous ne comprenez pas le jeu. Vous n'avez pas de calibrage social ni d'expérience et vous vous comportez comme un mâle bêta. Et c'est une erreur. Si elle vous parle, lors du deuxième rendez-vous, de voir d'autres hommes, vous ne devez pas être jaloux ou en colère, mais comprendre que c'est normal. Vous devriez également fréquenter plusieurs femmes en même temps.

7. PREMIER RAPPORT SEXUEL

Après ce premier ou deuxième rendez-vous, il peut y avoir ou non un troisième, un quatrième et un cinquième, et cette relation sera cimentée. À un moment donné, il y aura le premier rapport sexuel, un moment clé de la relation. Il serait absurde que je vous dise à quelle date vous devez faire l'amour avec la femme qui vous plaît, car cela dépend de chaque personne et de multiples circonstances. Une jeune vierge de 18 ans n'est pas la même chose qu'une femme de 50 ans qui a trois enfants adultes et qui est divorcée. Ce sont des situations différentes. Ce n'est pas la même chose si vous-même avez 18 ans ou 50 ans. La situation change. Plus les gens sont âgés, plus ils ont d'expérience et plus les relations sexuelles sont rapides. Mais ce n'est pas forcément le cas. Il peut y avoir des personnes qui ont des valeurs plus traditionnelles et qui décident que la première rencontre intime nécessite plus de temps, ou un jeune couple peut avoir des relations sexuelles dès le premier jour. Il n'y a pas de règles en la matière, et il serait absurde de croire qu'il y en a.

Tout dépend de la connexion qui existe entre vous deux, mais aussi de votre situation personnelle du moment. Une femme qui vient de rompre une relation de plusieurs années et qui se sent encore blessée émotionnellement peut avoir besoin d'autres rendez-vous et d'apprendre à mieux vous connaître avant de décider d'avoir des relations sexuelles avec vous. En revanche, une autre fille qui est seule depuis longtemps et qui a hâte de rencontrer des hommes n'aura peut-être pas besoin d'attendre aussi longtemps. En ce sens, il n'est pas utile de fixer une date limite, mais il faut savoir calibrer ce qu'il faut faire dans chaque situation.

Le mâle bêta pense que s'il a des relations sexuelles avec une femme, celle-ci lui doit quelque chose, qu'ils sont déjà petit ami et petite amie, qu'ils vont se marier, qu'elle est la femme de sa vie. Rien n'est plus faux. En d'autres termes, vous ne devez rien à cette femme pour avoir couché avec elle et elle ne vous doit rien pour avoir couché avec vous. Il y a des femmes qui, après avoir eu des rapports sexuels, si l'homme ne veut plus les voir, se sentent utilisées, ce qui génère une faible estime de soi. Si vous voulez être avec une fille, vous devez lui faire comprendre que si vous la quittez, c'est parce que vous n'avez pas envie d'avoir une relation stable avec qui que ce soit pour le moment ou qu'il n'y a pas eu suffisamment de liens.

Les femmes ont très peur d'être utilisées sexuellement parce qu'il y a des hommes qui ont des relations sexuelles avec plusieurs femmes. C'est pourquoi il est plus probable qu'elle veuille prolonger le premier rapport sexuel que vous. Il y a aussi des femmes qui pensent que si elles ont des rapports sexuels faciles avec un homme, elles perdront de la valeur à ses yeux, qu'elles sont des femmes faciles, peu sélectives, des salopes, et que, par conséquent, les hommes ne les apprécieront pas. Cela peut être vrai pour un homme bêta. Un tel homme peut penser que s'il a des relations sexuelles avec une femme le premier jour, c'est une femme facile, non sélective. Mais pour un homme alpha, cela ne doit pas être interprété de cette manière. Si une femme veut faire l'amour avec vous dès le premier rendez-vous, cela signifie que vous avez tous deux ressenti une connexion physique dès le début, que vous vous êtes rapprochés. Pour l'homme alpha, la femme ne perd pas de valeur en ayant des rapports sexuels précoces. Il l'appréciera pour la connexion émotionnelle qui existe entre vous deux, et non pour le fait d'avoir eu des rapports sexuels tôt ou tard.

Il se peut que vous deviez monter les choses d'un cran, prendre les devants dans cette première relation et évaluer si elle est prête ou non. La responsabilité de la progression vous incombera toujours. En tant que mâle alpha, vous devez la guider dans ce processus et, par conséquent, prendre l'initiative. Vous devez également l'écouter : ce n'est peut-être pas le bon moment, elle n'en a peut-être pas envie, elle a peut-être mal à la tête, elle a peut-être ses règles, elle ne se sent peut-être pas prête. Il faut savoir interpréter ces signaux.

Lorsqu'un homme fait l'amour avec une femme, d'après mon expérience, je dirais qu'il existe deux types de femmes d'un point de vue sexuel. D'une part, il y a les femmes qui aiment le sexe fort, dur, passionné et parfois presque violent ; le sexe que nous voyons dans les films lorsqu'elles se déshabillent et font l'amour dans un ascenseur, à l'arrière d'une voiture ou n'importe où. C'est du sexe qui est, dans un sens, masculin, mais il y a des femmes féminines qui aiment ce genre de sexe.

Et puis il y a un autre type de sexe, plus féminin. « Féminin » dans le sens où il est basé sur des caresses, il est plus lent et plus affectueux. Si vous faites l'amour de manière forte, certaines femmes se sentiront mal et n'apprécieront pas l'expérience. Par conséquent, lorsque vous vous apprêtez à faire l'amour avec une femme, vous devez être en mesure d'évaluer son comportement au lit : s'agit-il d'une femme qui aime le sexe brutal ou d'une femme qui aime le sexe affectueux ? Si vous voulez que la relation ait une chance de réussir, vous devez essayer de vous adapter à sa façon de faire l'amour dès le premier rapport sexuel. Vous aurez le temps d'apprendre à mieux vous connaître.

De nombreux premiers rapports sexuels échouent parce que ce calibrage ne fonctionne pas, c'est-à-dire que l'homme fait l'amour à la femme de manière passionnée, alors qu'elle l'apprécie d'une manière plus douce et plus affectueuse ; ou bien l'homme fait l'amour à la femme d'une manière douce et affectueuse, alors qu'elle souhaitait une sexualité plus rude et plus sauvage.

Le moment de la première relation sexuelle est crucial. Je ne veux pas vous mettre la pression, mais c'est ainsi. Il y a un fort échange d'énergies, un échange de fluides, d'odeurs, c'est une expérience intime. Lorsque vous entrez dans le corps d'une autre personne, il y a une forte connexion. C'est donc un moment important.

Il se peut que les rapports sexuels soient bons et permettent de faire avancer votre relation, ou qu'ils soient horribles et qu'il n'y ait pas d'alchimie entre vous deux. Dans ce cas, il n'y a aucune chance d'aller de l'avant avec cette femme.

Plusieurs choses peuvent se produire. Tout d'abord, après avoir fait l'amour une première fois, la femme ne veut plus vous revoir. Cela peut se produire pour différentes raisons : il n'y a pas eu de connexion sexuelle, ou bien elle n'a pas aimé la façon dont vous lui avez fait l'amour et estime donc que vous n'avez pas eu de connexion à cet égard, par exemple. Ensuite, parce que vous n'avez pas su la calibrer correctement, elle s'en va, cesse de vous écrire ou dit qu'elle ne veut plus vous revoir.

Il se peut qu'elle ne veuille pas vous revoir parce qu'elle ne souhaite pas avoir une relation avec vous, mais seulement une rencontre sexuelle occasionnelle. En raison de sa situation personnelle ou émotionnelle, il se peut qu'elle ne soit pas prête à avoir une relation stable avec qui que ce soit, mais seulement une rencontre éphémère. Si c'est le cas, même si le sexe était fantastique, elle n'est peut-être pas prête à continuer à vous voir. Et ce n'est pas de votre faute, ce n'est pas à vous de décider si une personne veut continuer à vous voir ou non. Le mâle bêta pense que, parce qu'elle a couché avec lui, la femme lui doit quelque chose et doit le rencontrer à nouveau ou, si elle ne le fait pas, elle lui doit une explication. En réalité, la femme ne vous doit rien. Elle sortira avec vous si elle le souhaite et vous sortirez avec elle si vous le souhaitez. Vous ne lui devez rien, et elle ne vous doit rien.

Le mâle bêta, qui vit dans la pénurie, n'a pratiquement pas de relations sexuelles — voire jamais — et est un homme sans options. Ainsi, si la femme ne veut plus le voir, il se sentira désespéré, triste et frustré, et il se mettra en colère contre elle. Il ne comprendra pas et l'insultera, voire sera violent.

D'autre part, si après le sexe, la femme ne veut plus revoir l'homme alpha, celui-ci ne se fâche pas, car il ne se passera rien : cela fait partie du jeu. En d'autres termes, l'homme alpha a plus de filles et plus d'options, il se sent bien même s'il est seul, même s'il ne voit personne d'autre. Il comprend qu'elle n'est pas obligée de le rencontrer à nouveau, qu'elle ne lui doit rien et qu'elle n'est pas obligée de lui écrire après leur premier rapport sexuel.

Il peut également arriver qu'après avoir couché avec elle, vous ne souhaitiez plus la revoir. Pourquoi ? Parce que vous n'avez pas aimé le sexe, parce que pour vous c'était un coup d'un soir, parce que la fille ne vous plaît pas assez, parce que vous rencontrez d'autres personnes ou parce que vous n'en avez pas envie. Ce n'est pas grave, c'est normal. Vous devez ensuite le lui faire comprendre de manière polie et simple, en lui parlant ouvertement et en toute sincérité : « Écoute, j'ai passé un bon moment avec toi l'autre jour, je pense que tu es une personne formidable, mais tu n'es pas faite pour moi » ; ou « À ce stade de ma vie, je ne me sens pas capable d'avoir une relation stable avec qui que ce soit ». Parlez-lui en toute sincérité, de manière ouverte et claire. Si elle comprend le jeu, elle l'acceptera, elle vous laissera partir et il n'y aura pas de rancune de sa part.

Il peut arriver que vous lui expliquiez que vous ne voulez plus la revoir après ce premier rapport sexuel et qu'elle se mette en colère. Certaines femmes pensent que vous leur devez quelque chose pour avoir eu des rapports sexuels, que vous avez profité d'elles. Cela peut arriver, mais vous devez lui faire comprendre que vous ne l'avez pas utilisée, que vous appreniez juste à la connaître, que vous vous êtes rencontrés et qu'il n'y a rien de plus. Si elle se met en colère et ne comprend pas le jeu, ce n'est pas de votre faute, ce n'est pas non plus de votre ressort.

Vous devez essayer de ne pas laisser la femme blessée, vous devez la laisser dans un meilleur état que celui dans lequel vous l'avez trouvée, mais si elle n'est pas capable de comprendre qu'après le sexe, vous ne voulez plus la voir, il n'y a rien que vous puissiez faire.

Il est important que vous compreniez que cette première relation est une nouvelle étape dans votre connexion et dans l'apprentissage de la connaissance mutuelle. Il serait intéressant que la première fois que vous faites l'amour soit mémorable. Je sais que parfois il n'est pas possible de tout planifier et qu'il y a des circonstances qui vous amènent à faire l'amour dans une pièce sombre, dans une boîte de nuit, à l'arrière d'une voiture, dans un parc, sur la plage ou n'importe où. Mais si vous pouvez construire une fantastique, belle et magnifique première expérience sexuelle dans un hôtel de luxe, en passant un week-end ensemble, si vous avez la possibilité de l'emmener dans un endroit agréable de votre maison, un beau dîner, et de transformer cette première rencontre intime en une expérience mémorable pour vous et pour elle, tant mieux, car vous en garderez tous les deux un beau souvenir. Par conséquent, n'idéalisez pas non plus le premier rapport sexuel. Il se peut qu'il ne soit pas très bon parce que vous êtes tous les deux nerveux, que vous ne vous connaissez pas, que vous n'avez peut-être pas établi de lien et que vous ne savez pas ce que l'autre personne aime. Plus tard, avec l'expérience et le temps, votre vie sexuelle peut s'améliorer considérablement.

8. DANS UNE RELATION

Après le premier, le deuxième ou le troisième rendez-vous, après avoir déjà eu des rapports sexuels, si vous vous sentez tous deux à l'aise l'un avec l'autre, il est normal de continuer à se fréquenter et d'entamer une relation monogame classique ou une relation ouverte.

Il arrive parfois que vous rencontriez plusieurs personnes en même temps. Cela arrive davantage aux hommes qu'aux femmes qui, bien qu'elles puissent parler à différents hommes, lorsqu'elles commencent à avoir des relations sexuelles avec un homme de manière régulière, ne font généralement pas l'amour avec plusieurs personnes en même temps, bien qu'il y ait des exceptions à cette règle.

Si vous apprenez à vous connaître et à vous sentir à l'aise, l'étape suivante consiste généralement à entamer une relation stable. Le plus souvent, c'est la femme qui voudra clarifier la nature de votre relation si elle s'intéresse à vous.

Le mâle bêta veut s'engager immédiatement dans une relation et considère qu'une fille avec laquelle il a eu des rapports sexuels est déjà sa petite amie, qu'elle doit lui être fidèle et qu'elle lui appartient. Le fait d'avoir eu des relations sexuelles avec une femme ne signifie presque rien en réalité. Elle n'est pas votre petite amie, et cela ne signifie pas non plus qu'elle souhaite avoir une relation à long terme avec vous ou qu'elle doit vous être fidèle. La loyauté et la fidélité ont un sens lorsque vous en avez tous deux parlé et qu'il est clair que vous vivez une relation monogame stable. Il se peut également que vous soyez dans une relation, mais de nature ouverte.

En fin de compte, il s'agit toujours d'être honnête, donc si vous voyez d'autres filles, vous devez être honnête avec elle et, si elle vous le demande, le lui dire. Elle pourrait alors vous dire qu'elle n'aime pas ça et qu'elle veut que vous restiez seul avec elle, et vous devrez alors décider si vous voulez qu'elle soit votre petite amie ou non. Mais je ne serais pas pressé d'éclaircir tout cela.

Là encore, on voit la différence entre l'homme alpha et l'homme bêta. L'homme bêta, le lendemain de sa première relation sexuelle avec une fille, lui dira déjà qu'elle est sa petite amie et voudra la présenter à ses parents comme sa future épouse. Cela peut mettre la femme mal à l'aise et l'inciter à s'enfuir, car l'homme montre en fait qu'il a besoin d'elle et qu'elle est en manque. Le mâle alpha n'est pas pressé de s'engager dans une relation. En d'autres termes, plus vous êtes pressé et avez besoin d'avoir une relation, plus vous éloignerez la fille de vous car vous montrerez que vous êtes dans le besoin.

Idéalement, c'est elle qui devrait vous demander de clarifier la nature de votre relation. Cette conversation embarrassante qui se produit parfois entre les couples peut avoir lieu lorsqu'elle vous demande : « Que sommes-nous ? » En réalité, elle vous demande si vous sortez ensemble ou non. Dans ce cas, vous devez décider si vous voulez transformer cette interaction en une relation stable ou non. Le mâle alpha a du mal à se mettre en couple parce qu'il vit dans l'abondance et est donc sélectif. Si une femme perçoit que vous avez peu de valeur et que vous n'êtes pas très sélectif, il est probable qu'elle vous quittera. L'homme bêta pue le besoin et la pénurie. Et c'est le parfum le plus repoussant qu'un homme puisse porter.

Si la nature de votre relation a été clarifiée et que vous êtes tous deux convaincus de vouloir former un couple stable et monogame, il est important de comprendre que la séduction ne s'arrête pas lorsque la fille est votre petite amie, mais qu'il s'agit d'un processus qui dure toute la vie. Beaucoup d'hommes pensent qu'une fois qu'ils ont une petite amie, ils peuvent s'asseoir sur le canapé, boire une bière, prendre du ventre, roter, rencontrer leurs amis, avoir leur copine avec qui coucher de temps en temps, qui fait la cuisine et est la mère de leurs enfants. Et ce n'est pas ainsi que les choses se passent. Vous devez séduire votre partenaire tous les jours. Vous devez entretenir cette relation, sinon elle mourra. Un jour, la fille partira, elle vous laissera seul et vous ne comprendrez pas pourquoi c'est arrivé. Et cela s'est produit parce que vous n'avez pas été capable d'entretenir le romantisme dans cette relation. Une femme a besoin de romantisme chez son partenaire, que vous l'invitiez à dîner, que vous partiez en voyage, que vous fassiez des choses spéciales ensemble, que vous entreteniez la flamme.

Vous ne pouvez pas devenir un homme bêta dès que vous vous engagez dans une relation. N'arrêtez pas d'aller à la salle de sport, de rencontrer vos amis, d'avoir vos passions et vos résolutions. Si vous abandonnez tout cela, qui est ce qui vous a rendu attirant pour cette femme, elle partira parce que vous aurez changé pour devenir un homme bêta. On ne peut pas être un homme alpha quand on n'a pas de partenaire et être un homme bêta quand on a une partenaire. Vous devez être un homme alpha en permanence. Vous devez être cohérent avec votre état d'esprit, car c'est ainsi que vous devriez aborder la vie et les relations.

Une autre erreur commise par l'homme bêta dans une relation est la jalousie, symbole évident d'une mentalité de pénurie et de propriété. Votre femme n'est pas votre propriété, c'est un être humain qui a décidé de partager une partie de sa vie avec vous et de vivre ensemble. Mais elle ne vous appartient pas, c'est une personne libre qui peut vous quitter à tout moment. Elle ne vous doit rien et vous ne lui devez rien. Il est donc absurde que vous soyez jaloux.

Si une femme ou un homme veut vous tromper, il ou elle le fera, vous n'y pouvez rien. La jalousie n'empêche pas l'infidélité ; au contraire, elle l'encourage, car la jalousie vous enlève beaucoup de courage, et moins vous en avez, plus il est facile pour la femme de vous tromper. Si elle le fait, c'est peut-être parce que vous n'avez pas su entretenir le romantisme dans cette relation, parce que vous ne lui avez pas donné ce dont elle avait besoin, ou parce qu'elle est comme ça. Mais il se peut aussi que personne ne soit à blâmer : peut-être n'était-elle pas prête à s'engager dans une relation stable et monogame, mais souhaitait-elle vivre d'autres expériences.

Si la femme de l'homme alpha le trompe ou le quitte, il ne le vivra pas comme un drame parce qu'il vit dans l'abondance. Revenons à l'essentiel : vous devez vous comporter comme si vous aviez vingt belles femmes qui vous envoient des textos tous les jours. Si c'est le cas et que votre partenaire décide de vous quitter, vous ne devriez pas vous en soucier outre mesure, vous n'en feriez pas un drame.

Je vous recommande d'éviter la jalousie. Vous devez faire confiance à votre partenaire et lui donner de la liberté. Si elle veut rencontrer un ami, laissez-la rencontrer un ami. Si elle veut partir en voyage seule, laissez-la partir. Elle doit avoir une liberté totale pour s'épanouir en tant qu'être humain. Par conséquent, ne tombez pas dans le piège dans lequel tombent de nombreux hommes bêta, qui considèrent leur partenaire, leur copine, comme leur propriété et non comme un être humain à part entière qui a le droit de prendre ses propres décisions.

9. OUBLIER SON EX

Il y a de fortes chances que la relation que vous avez entamée avec cette fille qui vous plaisait tant se termine par une rupture. La plupart des relations sont éphémères. De nos jours, il est rare que vous rencontriez une femme, que ce soit votre première relation et que vous viviez le reste de votre vie avec cette personne. Le plus normal, c'est d'avoir plusieurs relations. Je dirais même que c'est bon et sain. Je ne pense pas que ce soit une bonne idée de se mettre en couple avec la première personne que l'on rencontre. Peut-être que c'est la femme de votre vie, et dans certains cas exceptionnels c'est logique de le faire, mais ce qui est normal, c'est que la première relation est pour vous une forme de connaissance de soi, une forme d'apprentissage. Et la logique veut qu'elle se termine par une rupture.

La rupture peut être due aux circonstances de la vie, au fait que la fille — ou vous — déménage, ou au fait que la flamme de la passion s'éteint au bout de quelques semaines, mois ou années. Dans ce cas, vous devez essayer de ne pas blesser la femme. L'homme alpha essaie de laisser la femme avec laquelle il a partagé sa vie dans un meilleur état qu'il ne l'a trouvée. Il ne doit donc pas y avoir de ressentiment de votre part. Si les choses ne fonctionnent pas, la meilleure chose à faire est d'y mettre fin et de commencer quelque chose d'autre.

L'homme bêta s'accroche à cette relation car, vivant dans la pénurie, il comprend que s'il perd la femme avec laquelle il a eu la chance de se mettre en couple, il sera probablement seul pendant longtemps. Il craint même de ne pas pouvoir trouver d'autre partenaire. Il est donc une sorte de parasite affectif qui, même si la relation se passe mal et est un désastre, ne pourra pas quitter sa partenaire. Si elle veut le quitter, elle fera tout pour que cela n'arrive pas. Et, si cela se produit, il nourrira un grand ressentiment à l'égard de cette personne.

C'est une erreur de s'accrocher à une relation qui ne fonctionne pas, de vivre dans la pénurie. Et c'est une erreur de garder du ressentiment à l'égard de quelqu'un qui a partagé du temps avec vous. Gardez les bons côtés de la relation et non les mauvais. Considérez-la comme un moyen d'apprentissage. Si elle vous quitte à un moment donné, vous trompe ou part avec quelqu'un d'autre, cela fait partie du jeu. Vous ne devez pas être rancunier, mais aller de l'avant. Ce n'est pas facile à accepter, car il est normal pour de nombreux hommes d'être blessés ou d'éprouver du ressentiment à l'égard de leur partenaire si elle les quitte. Mais cela ne devrait pas être le cas.

Une autre erreur dont je tiens à vous avertir et qui est commune à de nombreux hommes bêta est d'essayer de récupérer votre ex. Nous avons vu de nombreuses fois des hommes et des femmes désespérés de trouver un moyen de récupérer leur ex parce qu'ils disent qu'ils sont toujours amoureux. Si la relation est terminée, c'est qu'il y a une raison. C'est parce qu'à l'époque, vous n'étiez pas compatibles.

Lorsque deux personnes ont eu une relation qui n'a pas fonctionné, il peut arriver que les années passent et que vous changiez, évoluiez et mûrissiez, et peut-être qu'à ce moment-là, plus tard, il sera logique d'avoir à nouveau une relation avec cette personne parce que, d'une certaine manière, vous ne serez plus les mêmes, mais des personnes différentes. Vous aurez mûri, changé et tout sera différent. Mais il ne sert à rien d'essayer de récupérer la partenaire qui vous a quitté la semaine dernière. Si elle vous a quitté, c'est qu'elle ne veut plus être avec vous ; si vous êtes un mâle alpha, vous l'accepterez comme faisant partie du jeu, et vous passerez à autre chose.

Il m'est arrivé à plusieurs reprises d'essayer de relancer des relations qui s'étaient rompues afin de nous donner une seconde chance et de voir comment nous pouvions les réparer. Mais dans tous les cas, cela a été un échec parce que les raisons de la rupture étaient toujours là. Cela n'a pas changé, vous êtes toujours les mêmes personnes. Dans un monde où les relations et les possibilités sont nombreuses, il ne sert à rien de s'accrocher à une relation qui est morte. Il vaut mieux repartir de zéro.

Lorsque vous avez une relation avec une femme, c'est comme un verre qui ne cesse de se remplir. Souvent, dans ce verre, il y a du ressentiment, des mauvaises paroles, de la tricherie ou de l'infidélité, et tout cela s'accumule. Il peut arriver que vous soyez avec une fille et qu'elle vous jette à la figure quelque chose qui s'est passé il y a cinq ans. Il serait alors plus sain pour vous et pour elle de recommencer avec quelqu'un d'autre.

Ne faites donc pas comme l'homme bêta et n'essayez pas de récupérer votre ex ou de vous accrocher à une relation morte. Laissez-la partir. Allez de l'avant, avancez sur votre chemin et ne faites pas cette erreur, qui ne fera que vous faire perdre du temps, à vous et à elle.

CHAPITRE 4. TECHNIQUES DE SÉDUCTION

1. VOUS N'AVEZ PAS BESOIN DE TECHNIQUES

De nombreux livres de séduction se concentrent sur l'explication des techniques de flirt, qui peuvent être considérées par certains comme une forme de manipulation, comme ceux des mauvais vendeurs qui veulent vous vendre une voiture d'occasion que vous ne devriez pas vraiment acheter. Plus que de techniques, c'est d'un *état d'esprit* dont vous avez besoin, une mentalité d'alpha. Les techniques fonctionnent pour ceux qui n'ont pas le bon état d'esprit.

Le problème est que si vous n'êtes pas un mâle alpha, toutes les techniques que vous pouvez apprendre peuvent vous aider dans votre interaction avec une femme, mais dès qu'elle vous connaîtra un peu mieux, tout s'effondrera comme un château de cartes. Si vous utilisez des techniques de mâle alpha, mais que vous n'avez pas cette mentalité, vous êtes un imposteur.

Plus que des techniques, j'aimerais les appeler des *outils*. Ils peuvent vous aider à gagner en confiance, surtout si vous n'avez pas assez d'expérience, et vous aider à améliorer votre façon de séduire. Un homme alpha n'a pas besoin de techniques de séduction. Il est magnétique car sa personnalité attire les femmes qu'il veut séduire. Si vous êtes alpha, vous n'avez besoin d'aucune technique, phrase ou astuce pour flirter avec n'importe qui. Il s'agit d'un processus naturel. Mais les techniques peuvent être un tremplin pour vous permettre d'atteindre l'objectif que vous vous êtes fixé.

De cette façon, lorsque vous atteignez un état d'esprit alpha complet, vous pouvez vous débarrasser de toutes les techniques et vous concentrer sur le fait d'être vous-même. Oui, vous pouvez être vous-même lorsque vous êtes d'une certaine manière séduisant pour les femmes. Il ne sert à rien d'être soi-même, comme je vous l'ai dit au début du livre, lorsque vous êtes un mâle bêta. Les techniques peuvent être utiles à un homme bêta qui est en train de devenir un homme alpha. Par conséquent, en tant qu'outil d'apprentissage et de développement personnel, elles me semblent valables. Cependant, n'oubliez pas que les techniques en elles-mêmes sont inutiles si vous n'êtes pas le bon type d'homme. Pour cette raison, utilisez-les en étant conscient qu'il s'agit d'outils que vous devrez abandonner une fois que vous serez beaucoup plus expérimenté sur le chemin du séducteur.

2. SURFER SUR LEUR HUMEUR

Un jour, j'ai eu un premier rendez-vous avec une fille qui venait de rompre avec son ex. Elle était blessée et pleine de ressentiment parce qu'il l'avait quittée après de nombreuses années de vie commune. Elle a commencé à me parler de lui et des mauvaises choses qu'il lui avait faites, mais à chaque fois qu'elle abordait le sujet, je changeais délibérément et ostensiblement de sujet et lui posais des questions sur des choses qui pouvaient la faire se sentir bien. Par exemple, je lui demandais quel était le meilleur voyage qu'elle avait fait, le meilleur livre qu'elle avait lu, quelle était sa plage préférée ou son plat préféré, ou encore de me raconter un beau souvenir de son enfance ; tout ce qui pouvait lui faire du bien. Et à chaque fois qu'elle s'éloignait du sujet et voulait me parler à nouveau de la méchanceté de son ex, je changeais à nouveau de sujet sans vergogne et l'orientais vers un sujet qui générerait des émotions positives pour elle.

Cette technique consiste à surfer sur ses humeurs pour la mettre d'humeur positive. Au final, ce que la fille retiendra de ce rendez-vous, c'est ce qu'elle a ressenti à votre égard. Si vous passez votre temps, comme le ferait un mâle bêta, à la consoler de la méchanceté de son ex et à creuser plus profondément dans le puits du ressentiment, elle se souviendra finalement de son ex et de la façon dont elle s'est sentie après qu'il l'ait larguée. Cependant, vous, en tant que mâle alpha qui connaissez le jeu de la séduction, comprenez qu'elle ne veut pas parler de son ex, mais veut rencontrer une nouvelle personne qui la fera tomber amoureuse, qui la fera se sentir bien et désirée, aimée et précieuse. Si vous passez votre premier rendez-vous à parler d'une personne qui n'est même pas présente et qui ne fait plus partie de sa vie, vous gâcherez une occasion extraordinaire d'apprendre à la connaître, et le rendez-vous sera un échec total.

Souvent, vous rencontrez des gens qui ne se sentent pas bien ou qui ne sont pas de bonne humeur à cause de choses qui ne dépendent pas de vous. Dans le cas que je vous ai raconté, il s'agissait d'un ex, mais il se peut que la fille soit frustrée par son travail et ses études, ou qu'elle ait un problème familial, un problème de santé ou tout autre type de problème. Ce que vous devez faire dans ce cas, si elle insiste pour solliciter votre sympathie, c'est surfer, changer et modifier son humeur. Il ne s'agit donc pas de la manipuler, mais de l'orienter vers une humeur positive. C'est la même chose que vous feriez avec un ami qui vous est cher : si vous voyez qu'il est frustré et blessé par son ex, au lieu de passer deux heures à parler de cet ex qui n'est plus dans sa vie et ne le sera plus jamais, il vaut beaucoup, beaucoup mieux se concentrer sur des sujets positifs et des conversations qui vous rendent tous les deux heureux. Cette technique consiste donc à pouvoir transformer l'humeur négative d'une femme en humeur positive.

3. DÉCOUVRIR SA PASSION

Les femmes qui ont un profil sur les réseaux sociaux pour rencontrer des hommes, comme Meetic, eDarling, Tinder ou d'autres réseaux similaires, sont fatiguées des messages qui manquent de grâce et d'intérêt. Beaucoup d'entre eux sont : « Bonjour, comment vas-tu ? » ; « Comment t'appelles-tu ? », ou « Tu es belle, j'aimerais te rencontrer », et des messages qui n'ont aucun sens, qui ne sont pas drôles et qui n'éveillent aucun intérêt chez elle. Par conséquent, vous devez essayer d'attirer son attention en brisant le schéma de la majorité. Cela peut consister en une approche indirecte, axée sur quelque chose de spécial et d'unique chez elle.

Dire à une femme qu'elle est belle est vide de sens. En revanche, le contraire sera vrai si vous lui dites que vous avez remarqué son pendentif en forme d'étoile ou la boucle d'oreille spéciale qu'elle porte, ou que vous avez vu quelque chose de frappant dans ses photos. Par exemple, si elle a une photo d'elle escaladant une montagne parce qu'elle aime l'alpinisme, l'escalade ou la randonnée, vous pouvez lui demander quelle est la plus haute montagne qu'elle a escaladée.

Vous devez chercher des points de connexion, vous devez essayer de découvrir ses passions. Si une fille aime courir, par exemple, parler de course à pied peut être un moyen parfait de se rapprocher d'elle. Il est différent de dire à une fille : « Bonjour, comment vas-tu ? Tu es belle, je veux apprendre à te connaître », que de dire : « J'aime aussi beaucoup les randonnées en montagne, où fais-tu des randonnées habituellement ? » De cette façon, vous pouvez entamer une conversation sur un sujet qu'elle trouve intéressant, que vous aimez également et qui peut générer une connexion émotionnelle entre vous deux.

L'homme alpha ne cache pas ses intentions romantiques et n'est pas un manipulateur des émotions d'une femme. Loin de la considérer comme un objet sexuel, il essaie de comprendre et de se concentrer sur ce qui la passionne, c'est-à-dire qu'il va au-delà de l'apparence pour essayer de la connaître en tant qu'être humain. C'est à ce moment-là qu'un lien authentique peut se créer entre les deux.

Trouvez ce qui la passionne et essayez d'établir un lien avec cette passion si vous vous y intéressez également ; si vous n'êtes pas intéressé parce que vous ne la pratiquez pas, vous pourriez vouloir en apprendre davantage à ce sujet. Cela peut être un excellent moyen d'entamer une conversation, une interaction avec une fille inconnue. En d'autres termes, ne restez pas sur le superficiel, essayez de trouver quelque chose d'original qui passionne la femme, et à partir de là, entamez une conversation qui vous aidera à mieux vous connaître.

4. CRÉER DES EXPÉRIENCES MERVEILLEUSES

Laissez-la se détendre et laissez-la vivre les merveilleuses expériences que vous voulez lui faire vivre. Pour une femme, le fait de pouvoir s'habiller pour un rendez-vous et de laisser l'homme la conduire dans un endroit magnifique, en lui enlevant la responsabilité de réfléchir à l'endroit où vous allez et à ce que vous allez faire, est une merveilleuse façon de lui montrer ce qu'est votre monde et que vous avez la capacité de lui faire vivre des expériences.

Je vous recommande de planifier plusieurs rendez-vous en détail à l'avance. C'est beaucoup mieux d'avoir ces rendez-vous, car cela permet de les améliorer et de construire des expériences de plus en plus intéressantes. Par exemple, un premier rendez-vous pourrait être un cocktail ou un café dans un endroit spécial, dans un bar qui n'est pas le bar de quartier typique, mais un endroit élégant, sophistiqué, un endroit qui lui donne l'impression d'être spéciale. Et il n'est pas nécessaire que ce soit un endroit coûteux : vous pouvez créer des expériences merveilleuses pour zéro euro. Il ne s'agit pas de l'emmener dans un restaurant chic, de louer un hélicoptère ou un orchestre. Vous n'avez pas besoin de faire tout cela pour l'impressionner et cela ne vaut pas la peine si vous ne la connaissez pas encore. Il est inutile d'investir autant de ressources dans une personne inconnue.

Trouvez l'endroit idéal pour un premier rendez-vous. Si le premier café se passe bien, il serait intéressant que vous ayez déjà cherché un restaurant à proximité qui ne soit pas cher, mais qui propose une cuisine qui sorte un peu de l'ordinaire. Si vous vivez dans une grande ville, il ne sera peut-être pas difficile de trouver un restaurant éthiopien ou d'un endroit moins connu à proximité. Elle a peut-être déjà goûté à de la nourriture chinoise ou japonaise, mais peut-être pas à celle d'un pays plus exotique. Si, en outre, après ce dîner, vous montez dans une tour d'un hôtel cinq étoiles, par exemple, qui dispose d'une terrasse avec vue sur toute la ville et que vous pouvez prendre un cocktail, cela peut être la fin de soirée parfaite.

Un autre deuxième rendez-vous que vous pourriez avoir avec la fille est un rendez-vous amusant et ludique qui la détend et lui permet d'apprécier votre compagnie d'une manière plus décontractée. Vous pourriez par exemple l'emmener au bowling. C'est le genre de rendez-vous que j'adore. C'est comme si la femme redevenait une adolescente. Vous devez lui dire de s'habiller correctement, avec un pantalon, elle n'est pas obligée de porter une robe de soirée.

Vous pouvez aller au bowling, une activité qu'elle a vue dans de nombreux films américains, mais qu'elle n'a peut-être pas pratiquée, puis aller boire un verre dans un bar à cocktails et faire une partie de fléchettes. C'est un rendez-vous amusant, original et pas cher.

Un autre deuxième rendez-vous pourrait consister à l'emmener dans un musée. Je ne vous recommande pas un musée d'art moderne, avec des peintures abstraites et quelque peu étranges, mais un musée différent, original, avec quelque chose que vous aimez et qu'elle aime peut-être aussi. Au lieu d'un musée, ce pourrait être un beau palais, après quoi vous pourriez aller manger une glace ou vous promener dans les jardins d'un parc avec des fontaines. Peut-être y a-t-il, près de chez vous, un vieux palais avec de beaux jardins illuminés la nuit, ou un endroit où faire une promenade tranquille et relaxante.

Un rendez-vous merveilleux pour vous deux pourrait être une randonnée en montagne. Dites-lui de porter un survêtement et que vous allez être sportifs. Vous pouvez l'emmener dans un café-bistrot de votre choix et lui recommander un café et un délicieux gâteau. Ensuite, vous pouvez l'emmener se promener le long d'un itinéraire où il y a une rivière, un lac, une forêt, et vous pouvez ainsi partager une journée à la campagne ensemble. C'est une merveilleuse façon d'évacuer le stress, de se rapprocher de la nature et d'apprendre à mieux se connaître.

Aller à un concert peut être un autre bon rendez-vous. Demandez-lui quel genre de musique elle aime, si elle aime le *jazz*, le *rock* ou un spectacle en direct. Vous pourriez peut-être l'emmener voir quelque chose de plus original, comme une pièce de théâtre, un concert classique ou un opéra. Déterminez le type d'activités qui l'enthousiasmerait le plus. Aller au théâtre, si elle aime ce genre d'art, pourrait être plus original que de l'emmener au cinéma, par exemple.

Pour que tout se passe bien, il est important que vous ayez tout prévu, c'est-à-dire que vous sachiez où l'emmener, combien de temps cela vous convient, comment aller d'un endroit à l'autre et, de plus, je vous recommande de l'inviter.

Elle veut découvrir votre monde, apprendre à vous connaître et donc savoir quel genre de rendez-vous vous pouvez lui proposer. En tant que mâle alpha, vous devez être passé maître dans l'art de construire des expériences, qui doivent être adaptées à ce que vous et elle aimez. Il ne sert à rien d'emmener une femme dans un musée si elle n'aime pas cela. Cela fait également partie du processus de séduction, qui consiste à découvrir ce qui intéresse l'autre personne. La femme verra ainsi que vous êtes un homme de valeur et intéressant, qui connaît le jeu de la séduction et qui est prêt à l'entraîner dans un monde d'expériences merveilleuses et excitantes.

5. DES VOYAGES INOUBLIABLES

Je peux vous dire que les femmes aiment généralement les expériences de nature physique. Qu'est-ce que je veux dire par là ? Par exemple, aller à la plage, danser ou faire de la moto. Si un homme possède une moto puissante, emmener une femme en tant que passagère, assise derrière lui tandis qu'elle l'enlace en parcourant l'autoroute ensemble, est une expérience physique qui génère beaucoup d'émotions positives en elle. Autres exemples : pratiquer des sports à risque, faire du surf, du *saut à l'élastique*, l'emmener dans une montgolfière... La plupart des femmes aiment ces expériences physiques, excitantes ou émotionnelles.

Chaque femme est différente, mais je peux vous assurer que l'emmener en montgolfière, si elle n'a pas le vertige, peut être une expérience merveilleuse et originale pour elle. Mais il y a une expérience qui, à mon avis, fonctionne extraordinairement bien avec presque toutes les femmes : le voyage. En général, les femmes aiment voyager. J'ai rencontré peu de femmes dans ma vie qui n'aiment pas ça. Peut-être que certaines femmes plus âgées qui ont peur de voyager ne voudront aller nulle part, mais, en général, pour les femmes plus jeunes ayant un mode de vie actif, c'est quelque chose de merveilleux.

Un homme qui aime voyager et qui peut l'emmener dans de beaux voyages exotiques et passionnants a beaucoup à gagner. Vous pensez peut-être que pour faire de beaux voyages il faut beaucoup d'argent, mais ce n'est pas vrai. Pour devenir un séducteur alpha, vous n'avez pas besoin d'être un homme riche, vous devez avoir les connaissances et la capacité de créer des expériences merveilleuses pour la femme qui vous plaît. Si vous êtes capable de faire cela, vous pouvez compenser le fait de ne pas avoir beaucoup d'argent. Vous n'avez pas besoin d'être millionnaire, mais vous devez avoir un minimum d'argent. Si vous n'êtes pas en mesure d'offrir un café à une femme, vous avez un sérieux problème et vous ne devriez pas lire ce livre, mais apprendre à gagner de l'argent, car si vous ne disposez pas d'un revenu minimum garanti, la séduction d'une femme passera au second plan. Vous devez d'abord être capable de subvenir à vos besoins.

Il est possible de faire des voyages extraordinaires avec peu d'argent. Vous pouvez vous rendre en bus, en train ou en voiture dans des endroits peu éloignés et lui faire ainsi vivre des expériences extraordinaires et inoubliables. Si vous êtes déjà en couple avec la femme qui vous plaît, l'emmener en voyage de temps en temps vous aidera à attiser le feu de votre relation. Il ne s'agit pas nécessairement de longs voyages, mais d'une nuit d'hôtel par mois dans un endroit proche, ce qui ne coûte pas beaucoup d'argent.

Tout comme je vous ai parlé de la construction d'expériences et de rendez-vous, il est conseillé de planifier ou de penser à de merveilleux voyages. Je ne vous dis pas de toujours refaire le même voyage avec des filles différentes. Il est bon que vous trouviez des endroits différents, mais renseignez-vous sur le type de visites qu'elle aime faire et vous trouverez ensemble la meilleure façon de partager un voyage. De nos jours, avec les compagnies aériennes à bas prix, il est facile et bon marché de voyager, même dans des endroits très éloignés. L'argent n'est donc pas une excuse.

L'homme bêta est coincé dans sa grotte et n'en sort que lorsqu'il y est contraint. L'homme alpha connaît le monde, il aime voyager et voir de nouvelles cultures parce qu'il sait que c'est une forme d'épanouissement personnel. Il aime connaître de nouveaux pays, vivre des expériences et, par conséquent, pouvoir offrir à la fille qui lui plaît un voyage inoubliable est l'une des meilleures techniques de séduction qui existent.

6. APPRENDRE À DANSER

Apprendre à danser peut avoir de nombreux avantages dans votre vie sociale et romantique. C'est un bon moyen de créer un lien profond avec la fille qui vous plaît ou de rencontrer de nouvelles femmes intéressantes. Cela vous aidera également à avoir davantage confiance en vous, ce qui vous rendra plus séduisant — un trait de caractère que de nombreuses femmes apprécient.

Si vous améliorez vos compétences en matière de danse, vous améliorerez également vos compétences sociales. Danser lors d'événements sociaux ou dans des cours de danse vous aide à rencontrer de nouvelles personnes, y compris des femmes, qui tendent à être majoritaires dans ce type d'activités. Cela peut également faciliter les conversations et l'établissement de nouveaux liens. De nombreuses femmes célibataires ou non s'inscrivent à des cours de danse pour rencontrer de nouvelles personnes, ce qui peut constituer un environnement intéressant pour vous.

La danse est également une forme d'expression et peut montrer à un partenaire potentiel que vous êtes capable de communiquer et de vous exprimer à travers vos mouvements. Cette aptitude peut être attrayante, car elle démontre de l'empathie et de la sensibilité à l'égard d'autrui.

Aller danser indique également que vous êtes prêt à consacrer du temps et des efforts pour vous améliorer. Un tel dévouement peut attirer des partenaires potentiels, car il reflète une attitude proactive à l'égard de la vie. Un homme qui veut apprendre de nouvelles choses et sortir de sa zone de confort en allant danser, même s'il n'est pas doué pour cela, est plus intéressant que quelqu'un qui reste enfermé dans une grotte toute la journée, à s'apitoyer sur son sort. La danse est amusante et peut montrer votre côté énergique et passionné. Vous pouvez vous amuser et partager de bons moments avec de nombreuses personnes.

Je vous dirai également que certains styles de danse, comme le tango ou la salsa, sont sensuels et romantiques. Savoir manier ces styles peut permettre à un homme de montrer un côté plus intime et plus sensible. Si, après un dîner romantique, vous emmenez votre partenaire danser le tango ou la salsa, et que vous savez bien le faire, je peux vous assurer que vous aurez surpassé 99 % des hommes. La danse est une excellente forme d'exercice et montre que vous vous souciez de votre santé et de votre bien-être physique, des qualités qui peuvent être attrayantes chez un partenaire potentiel.

L'apprentissage de différents types de danse expose également une personne à différentes cultures. Montrer de l'intérêt et du respect pour d'autres traditions et formes d'expression peut être le signe d'un état d'esprit ouvert et curieux. Apprendre à danser peut être l'une des techniques de séduction les plus puissantes que vous puissiez appliquer.

7. APPRENDRE À CUISINER

Cuisiner pour la fille qui vous plaît peut également être une technique de séduction recommandée. Savoir cuisiner montre que vous êtes autonome et que vous ne dépendez de personne pour satisfaire vos besoins fondamentaux. L'homme typique de 40 ans qui va chez sa mère le week-end pour prendre une semaine de nourriture n'est pas attirant à cet égard, car il montre qu'il ne sait pas cuisiner et qu'il dépend toujours de sa mère.

Savoir cuisiner peut être considéré comme un signe de maturité et de responsabilité, des qualités qui séduisent de nombreuses femmes. Si vous savez cuisiner, vous pouvez préparer des repas pour les occasions spéciales, les amis et la famille. Cela montre que vous êtes prêt à faire des efforts pour prendre soin des autres, ce qui est un signe que vous pourriez être un partenaire attentionné et prévenant. Il y a peu de choses plus attrayantes que d'inviter une femme chez soi, de l'installer confortablement dans la cuisine et que vous — l'homme — prépariez pour elle un plat exotique, sain et attrayant.

Savoir préparer des repas sains et nutritifs témoigne d'un engagement en faveur d'un mode de vie sain, ce qui peut être important pour de nombreuses femmes qui accordent de l'importance à la santé et au bien-être.

La cuisine est aussi une expérience partagée. Inviter la fille que vous aimez à cuisiner ensemble peut être une activité intime et agréable qui favorise la communication, la coopération et l'apprentissage mutuel. Comparer différentes cuisines et techniques culinaires témoigne d'un intérêt pour les diverses cultures et d'une certaine sophistication. Cela peut rendre les conversations plus intéressantes et montrer une ouverture d'esprit à de nouvelles expériences et saveurs.

Cuisiner un bon repas nécessite de la planification et de l'attention aux détails. Ces compétences peuvent être intéressantes, car elles indiquent que vous êtes capable de penser à l'avance et d'organiser votre temps et vos ressources de manière efficace.

Un dîner ou un dessert peut être une excuse parfaite pour inviter la femme qui vous plaît chez vous et passer du temps ensemble dans un cadre plus privé et plus confortable, ce qui peut être propice à une connexion plus profonde.

Il n'est pas nécessaire de devenir chef dans un restaurant cinq étoiles. Si vous pouvez apprendre à cuisiner trois ou quatre plats intéressants et quelques desserts savoureux, vous aurez gagné beaucoup de valeur aux yeux de la femme qui vous plaît.

De plus, je vous invite à apprendre à cuisiner de manière saine, simple et rapide afin de pouvoir ne dépendre de personne. Un homme alpha doit être capable de vivre seul, de cuisiner pour lui-même et de se nourrir correctement sans avoir besoin de personne. Il est insensé de ne pas savoir cuisiner du tout, surtout à 40 ans, que vous dépendiez de la nourriture de votre mère et attendiez de votre femme qu'elle remplace votre mère en devenant votre nouvelle cuisinière. Vous devez avoir l'autonomie, la volonté et les connaissances nécessaires pour cuisiner pour vous-même et pour la femme que vous aimez.

8. LECTURE À FROID

La lecture à froid est une technique utilisée pour persuader une autre personne que vous avez une sorte d'intuition spéciale ou des capacités psychiques. Elle consiste à faire des déclarations vagues et générales qui peuvent s'appliquer à presque tout le monde, mais que la personne en question croit être spécifiques à son cas. C'est une pratique courante chez les mentalistes, les chiromanciens, les diseurs de bonne aventure et certains praticiens de la psychologie. Cependant, faites très attention à la manière dont vous utilisez cette technique, en particulier dans les situations romantiques, car elle peut être manipulatrice et contribuer à un manque de confiance si l'autre personne se rend compte de ce que vous êtes en train de faire.

L'honnêteté, l'empathie et une communication sincère sont les meilleures stratégies pour établir une connexion significative. C'est pourquoi vous devez utiliser la technique de lecture à froid comme un jeu. Il ne s'agit pas de faire croire à la fille que vous avez des pouvoirs mentaux ou quoi que ce soit de ce genre, mais de lui dire que c'est un moyen pour vous d'apprendre à vous connaître. Et c'est ainsi qu'il faut le considérer, comme une sorte de jeu de connaissance de soi et un moyen d'établir des liens significatifs entre vous deux.

Il est possible de commencer par des affirmations générales qui peuvent s'appliquer à presque n'importe qui. Par exemple, vous pouvez lui dire : « Parfois, tu peux sembler dure, mais, quand on te connaît mieux, tu es plus sensible ». Cette affirmation, qui en réalité ne dit rien de concret, peut servir à ce qu'elle vous dise non, qu'elle a l'air en réalité d'une personne sensible, mais qu'elle est plus forte qu'il n'y paraît. C'est une façon pour elle de montrer comment elle se perçoit et cela peut aussi être une occasion pour que vous développiez ce sujet et puissiez lui expliquer comment vous êtes de ce point de vue.

Soyez attentif à la façon dont elle réagit à ce que vous dites. Son langage corporel, ses expressions faciales et ses réponses verbales vous indiqueront si ce que vous dites lui convient ou non. Mais elle peut aussi vous donner des détails sur sa vie ou ses expériences, et ces informations peuvent vous aider à établir un lien plus authentique entre vous. Vous montrerez ainsi que vous êtes attentif et que vous vous intéressez à ce que vous partagez.

Au lieu de faire des déclarations à tout bout de champ, posez-lui des questions qui l'invitent à en dire plus sur elle-même. Par exemple : « As-tu déjà eu l'impression de prendre une décision importante trop rapidement ? » ou « Quelle est, selon toi, la plus grosse erreur que tu aies commise dans ta vie ? » Cela peut faciliter une conversation authentique et le partage d'expériences. Pour que cette technique fonctionne, vous devez faire preuve d'empathie et ne pas être critique.

Les informations et les histoires personnelles qu'elle partage avec vous doivent être reçues sans jugement. L'empathie renforcera la connexion et la rendra plus à l'aise pour s'ouvrir. Il est essentiel de se rappeler que l'objectif de cette technique n'est pas de manipuler l'autre personne ou de la faire se sentir analysée ou mal à l'aise, mais d'encourager la conversation et d'établir des sujets intéressants afin que vous puissiez apprendre à vous connaître.

La technique de la lecture à froid est un jeu qui permet de mieux se connaître.

9. BOUGEZ-VOUS LES FESSES

La meilleure technique de séduction qui soit est de se bouger les fesses, c'est-à-dire de travailler à devenir la meilleure version de soi-même. Il ne sert à rien de lire des livres, d'assister à des séminaires, de regarder des vidéos sur YouTube ou d'écouter des podcasts sur la séduction. Rien de tout cela ne vous aidera si vous ne mettez pas en pratique toute cette théorie. La paralysie analytique ou la surcharge d'informations peut être votre pire ennemi.

C'est une bonne chose que vous ayez lu ce livre. Je vous en félicite. Mais il s'agit maintenant de passer à l'action. L'action l'emporte toujours sur la réflexion. Que devez-vous faire maintenant ? Essayez de rencontrer autant de filles que possible. Il n'y a pas de mauvais rendez-vous, car tous les rendez-vous que vous pouvez avoir — même avec des femmes qui ne vous attirent pas beaucoup — seront un moyen d'accroître votre expérience et vos compétences sociales, mais aussi d'apprendre de manière pratique dans des situations de la vie réelle. Essayez d'avoir autant de rendez-vous que possible avec des filles qui vous attirent.

Prenez soin de votre corps, faites du sport, mangez bien, apprenez à vous habiller avec élégance. Renseignez-vous sur les dernières tendances de la mode, achetez des vêtements élégants, prenez soin de votre hygiène, faites-vous couper les cheveux, essayez de vous laisser pousser la moustache, la barbe ou le bouc si vous pensez que cela vous va bien. Si vous êtes chauve, envisagez de vous faire poser des implants capillaires ou de vous raser le crâne. Si vous portez des lunettes, achetez-en de plus belles ou des lentilles de contact. Travaillez à devenir un homme plus attrayant physiquement et mentalement.

Allez à des fêtes, faites-vous des amis, rejoignez des clubs de lecture, des groupes de discussion, tout type de club, de groupe ou d'association où vous pouvez interagir avec de nouvelles personnes. N'hésitez pas à avoir des relations avec des femmes séduisantes ou à parler à cette dame de 80 ans qui pourrait être votre grand-mère. N'ayez pas peur ou ne soyez pas timide à l'idée de parler à des personnes inconnues ; si c'est le cas, vous devez essayer de surmonter vos peurs.

Devenez la meilleure version de vous-même, et pour y parvenir, la meilleure chose à faire est de pratiquer, pratiquer, pratiquer. Concentrez-vous sur votre objectif de devenir un mâle alpha. Essayez d'intérioriser les connaissances contenues dans ce livre et, surtout, mettez-les en pratique. Ce n'est qu'en rencontrant de vraies filles dans de vraies situations romantiques que vous pourrez améliorer vos talents de séducteur. Bougez-vous les fesses et travaillez à devenir la meilleure version de vous-même.